ALCIDES DOMINGUES LEITE JÚNIOR

# LIBERALISMO

Lafonte

Brasil · 2020

**Título – Liberalismo**
Copyright © Editora Lafonte Ltda. 2020

ISBN 978-5870-020-3

Todos os direitos reservados.
Nenhuma parte deste livro pode ser reproduzida por quaisquer meios existentes sem autorização por escrito dos editores e detentores dos direitos.

| | |
|---:|:---|
| Direção Editorial | **Ethel Santaella** |
| Organização e Revisão | **Ciro Mioranza** |
| Diagramação | **Demetrios Cardozo** |
| Imagem de capa | **Art Furnace / Shutterstock** |

```
Dados Internacionais de Catalogação na Publicação (CIP)
       (Câmara Brasileira do Livro, SP, Brasil)

Leite Júnior, Alcides Domingues
   Liberalismo / Alcides Domingues Leite Júnior. --
São Paulo : Lafonte, 2020.

   Bibliografia.
   ISBN 978-65-5870-020-3

   1. Liberalismo 2. Liberalismo - História
I. Título.

20-44671                                   CDD-320.51
       Índices para catálogo sistemático:

  1. Liberalismo : Ciência política    320.51

   Cibele Maria Dias - Bibliotecária - CRB-8/9427
```

### Editora Lafonte

Av. Profª Ida Kolb, 551, Casa Verde, CEP 02518-000, São Paulo-SP, Brasil
Tel.: (+55) 11 3855-2100, CEP 02518-000, São Paulo-SP, Brasil
Atendimento ao leitor (+55) 11 3855- 2216 / 11 – 3855 - 2213 – atendimento@editoralafonte.com.br
Venda de livros avulsos (+55) 11 3855- 2216 – vendas@editoralafonte.com.br
Venda de livros no atacado (+55) 11 3855-2275 – atacado@escala.com.br

Impressão e Acabamento
**Gráfica Oceano**

# ÍNDICE

| | |
|---|---|
| 05 | Conceito de liberalismo |
| 15 | As origens do liberalismo |
| 29 | O liberalismo no século XIX |
| 41 | O liberalismo no século XX |
| 83 | O liberalismo no Brasil |
| 101 | Liberalismo versus conservadorismo |

# 1 CONCEITO DE LIBERALISMO

Desde que o ser humano surgiu na terra, ele procura entender o funcionamento da natureza das coisas. O ser humano é um animal curioso. Observa os fenômenos naturais e tenta tirar deles todo o conhecimento possível. De posse dos conhecimentos absorvidos, busca aplicá-los para satisfação de suas necessidades. Duas necessidades são evidentes a todo ser humano: seu sustento e sua segurança. Podemos reduzi-las a uma só: a necessidade de garantir sua sobrevivência.

Como um ser racional, portanto, o indivíduo humano vai, por tentativas e por erros, descobrindo coisas novas e, por transmissão de conhecimento, passando para os demais o resultado dessas descobertas. Assim, é bem provável que, ao observar que havia incêndios espontâneos nas florestas, os primeiros indivíduos verificaram que o fogo esquenta. Como o calor lhes era favorável, então tentaram reproduzir o fogo observado na natureza. Depois de inúmeras tentativas, verificaram que o atrito entre as pedras produzia faísca e, se junto a essas faíscas houvesse folhas secas, o fogo começava e se espalhava.

Isso foi descoberto e transmitido. No caso da roda deve ter ocorrido algo semelhante. Ao chutar uma pedra arredondada, verificou-se que ela rolava. Ao colocá-la sob uma pedra pesada ficava mais fácil empurrar essa pedra. Assim foi descoberto um meio de transportar mais facilmente as coisas pesadas. E por ai vai. Podemos dizer que as três características naturais do ser humano, a curiosidade, tentativa e erro e a transmissão de conhecimento, explicam praticamente tudo sobre o seu desenvolvimento ancestral.

Além de tudo o que foi dito, o homem também tem a característica natural de agregação. O ser humano é um ser gregário. A própria natureza humana levou os primeiros indivíduos a se juntar em grupos. Isso facilitava em muito a caça, a pesca, a segurança contra ataques de animais. Com o desenvolvimento da agricultura e da domesticação de animais, os grupos de pessoas começaram a produzir mais do que o necessário para seu sustento.

Começa-se então a realização de trocas. Os que produziam mais carne trocavam carne por grãos de outros grupos que produziam mais grãos. Assim, naturalmente, surgiu o mercado de trocas.

Mais adiante, os diversos grupos, que trocavam mercadorias entre si, verificaram que havia necessidade de se estabelecer regras gerais para organizar o mercado de trocas e também para garantir a segurança de todos. Aos poucos, foram surgindo entes coletivos que se especializaram na garantia de regras e que detinham o poder de impor a força contra aqueles que desrespeitavam essas regras estabelecidas. Era o embrião do Estado.

Bem mais tarde, na vida cotidiana, constataram que a divisão de tarefas no processo de produção tornava esse processo muito mais eficiente. Cada indivíduo se especializava em uma etapa da produção e a desempenhava da melhor maneira possível. O comércio então crescia e se diversificava. Surgia a divisão e especialização da produção.

Já no início do século XVIII, vários pensadores começaram a registrar toda essa evolução da organização humana em sociedade e de seu processo produtivo. Eles verificaram que a divisão do trabalho e a abertura comercial, com sua consequente expansão do mercado internacional, haviam trazido um imenso impulso para a economia dos países que as praticavam. Por outro lado, países comercialmente fechados não prosperavam na mesma velocidade. Nasce então a teoria social, política e econômica do Liberalismo.

O liberalismo é considerado uma corrente de pensamento que parte de alguns postulados, como a existência de uma natureza humana e a diversidade entre os indivíduos. A espécie humana é racional, busca sempre evoluir de um estado de insegurança para um estado de segurança, de um estado de escassez para um estado de abundância, de um estado de servidão para um estado de liberdade. E essa busca é contínua. O ser humano é, por natureza, um ser insatisfeito. Por outro lado, cada indivíduo é diferente dos demais. Até no seio de uma família, cada filho, embora criado da mesma maneira, é diferente dos irmãos.

A busca eterna de progresso e a diversidade individual levaram as pessoas a tentar encontrar um sistema social, político e econômico para satisfazer suas demandas. Um sistema que levasse à prosperidade social, mas que mantivesse a individualidade e a liberdade pessoal. Ao longo da história, muitos arranjos políticos foram testados, cada um com vantagens e desvantagens. Mas para garantir prosperidade e, ao mesmo tempo, assegurar a liberdade individual, somente o liberalismo encontrou a solução. Outros sistemas focados na igualdade, não conseguiram alcançar nem a prosperidade nem a liberdade.

A grande diferença entre as matrizes liberais e as matrizes socialistas é o postulado da realidade. Os liberais reconhecem e aceitam o ser humano como ele é, um ser inteligente, mas imperfeito e individualista. Quer viver em sociedade, mas ao mesmo tempo quer garantir sua individualidade. Os liberais não tentam mudar a natureza humana, mas apenas encontrar um arranjo possível para atender às necessidades dos indivíduos. Os socialistas partem do princípio de que os defeitos humanos foram gerados pelo sistema econômico a que eles foram submetidos. Bastaria mudar o sistema para mudar o ser humano. Os liberais partem da filosofia realista e os socialistas da filosofia racionalista, idealista.

Os racionalistas abominam as coisas que eles não podem explicar. Preferem a explicação de coisas que não existem do que a existência de coisas que eles não podem explicar. E o sistema de trocas numa economia complexa, totalmente descentralizada, com milhões de informações sendo dadas a todo momento, é uma coisa que nenhuma mente humana pode abarcar. O racionalista, portanto, não aceita que essa ordem, orientada pelo mecanismo dos preços, seja a melhor ordem possível. Já os liberais pensam que, o fato de que algo nos tenha sido dado de graça, não tira dele seu valor e sua complexidade.

Uma boa definição do papel que os liberais atribuem a si foi dada pelo filósofo e economista austríaco Ludwig von Mises, no seu livro *Liberalismo segundo a tradição clássica*[1], de 1927. Diz Mises: "O liberalismo é uma doutrina inteiramente voltada para a conduta dos homens neste mundo. Em última análise, a nada visa senão ao progresso do bem-estar material exterior do homem e não se refere às necessidades interiores, espirituais e metafísicas. Não promete felicidade e contentamento aos homens, mas, tão somente, a maior satisfação possível de todos os desejos suscitados pelas coisas e pelo mundo exterior".

---

1 *Liberalismo segundo a tradição clássica*. F. A. Hayek. Editora Instituto Ludwig von Mises Brasil. 2012.

Ao longo da história, várias acusações foram feitas à doutrina liberal. A mais forte delas foi desferida pelos pensadores socialistas e também pelos sociais-democratas. Para eles o liberalismo gera desigualdade entre iguais e egoísmo entre irmãos. Como vimos na explicação de Mises, o liberalismo não busca resolver problemas internos da natureza humana. O individualismo e o egoísmo são características intrínsecas do ser humano, que as conjuga com solidariedade e generosidade. Ambas as tendências estão presentes na alma humana e cabe a cada um, por meio dos instrumentos que achar necessário, desenvolver seu lado bom e aplacar seu lado mau. Cabe à psicologia, às religiões, à educação familiar, aos conselhos dos amigos e das pessoas queridas, mudar as pessoas. O liberalismo nunca teve esse propósito e nunca desejou tê-lo.

Justamente por isso, o liberalismo não tem símbolos nem slogans, não tem hinos nem bandeiras. Não é religião, não é partido político, não é sociedade de benemerência, não é grupo de ajuda. Todas essas instituições são importantes e necessárias, mas elas devem partir da escolha individual e da iniciativa das pessoas. Todas elas podem conviver e desempenhar suas funções dentro de uma sociedade livre, sem nenhum conflito com o pensamento liberal. Diz Mises, no livro citado: "O liberalismo não é religião, nem uma visão do mundo, nem um partido de interesses especiais. Não é religião, porque não exige fé nem devoção, porque não há nada místico nele e porque não professa dogmas. Não é visão do mundo, porque não tenta explicar o cosmo e porque não diz coisa alguma, e não procura dizer coisa alguma sobre o significado e o propósito da existência humana. Não é partido de interesse especial, porque não fornece, nem busca fornecer qualquer vantagem especial a quem quer que seja, indivíduo ou grupo. É algo totalmente diferente! É uma ideologia, uma doutrina da relação mútua entre os membros da sociedade e, ao mesmo tempo, aplicação desta doutrina à conduta dos homens numa sociedade real. Não promete coisa alguma que exceda o que possa ser obtido na sociedade pela sociedade. Busca, unicamente, dar uma coisa aos homens: o desenvolvimento pacífico e imperturbável do bem-estar material para todos, com a finalidade de, a partir disso, protegê-los das causas externas de dor e sofrimento, na medida em que isso esteja ao alcance das instituições sociais. Diminuir o sofrimento, aumentar a felicidade: eis seu propósito".

Como vimos, o liberalismo considera o indivíduo o centro e a raiz de toda a organização social. Todo poder pertence ao indivíduo que, por conveniência, decide livremente delegar parte dele a uma esfera coletiva de poder. Essa decisão, portanto, é uma delegação. O Estado foi criado para servir ao indivíduo e não o contrário. Então o Estado tem um poder limitado e delegado para executar as tarefas que beneficiam os indivíduos. Note que o liberalismo não fala de povo, mas de um agrupamento de indivíduos diferentes entre si. Não existe para ele a figura coletiva de classe social, racial, religiosa ou cultural. A cada cabeça uma sentença.

Como veremos mais à frente, o liberalismo considera que a liberdade individual é o bem supremo. O direito à vida, ao sustento, ao progresso material e espiritual faz parte da razão de ser das pessoas. Para garantir esse conjunto de direitos básicos, como extensão de seu próprio corpo, o homem necessita do direito à propriedade privada. A propriedade é definida como aquela que o indivíduo e seu grupo familiar têm sobre sua pessoa e seus bens. Assim a vida, a liberdade e os bens formam o conjunto denominado propriedade privada.

O liberalismo é uma filosofia humana universal que serve para todos os indivíduos em qualquer lugar e a qualquer época. Assim, essa filosofia se aplica em todos os campos de atividade humana. Economia, Direito, Política, Administração Pública e Privada foram influenciadas pelo pensamento liberal.

No livro *The Great Political Theories*[2], Michael Curtis define os princípios do liberalismo clássico: "Liberdade de pensamento e de expressão, redução ou eliminação da coerção, tolerância aos diferentes pontos de vista, limite do exercício do poder por meio de arranjos cons-

---

2 *The Great Political Theories: Michael Curtis.* Avon Books. 2008

titucionais ou garantias de direitos individuais, um sistema de leis impessoais, direito de escolha da religião e da visão política e existência de uma livre oposição ao poder estabelecido. O liberalismo é essencialmente secular, otimista, vê a história como um desenvolvimento progressivo, acredita no uso da razão e do conhecimento para resolver os problemas humanos e na liberdade de oportunidade, e é a favor da paz mundial para a solução das questões internacionais"

Para finalizar, verificamos que, comumente, costuma-se opor liberalismo a conservadorismo. Muitos liberais acusam os conservadores de atrasados, intolerantes, apegados a instituições do passado, reacionários. Muitos conservadores acusam os liberais de egoístas, insensíveis, imorais, irresponsáveis. Para dirimir essas confusões entre liberalismo e conservadorismo, acrescentamos, no final deste livro, um capítulo sobre o assunto.

# 2 AS ORIGENS DO LIBERALISMO

O liberalismo, como escola de pensamento, nasceu em meados do século XVII, na Inglaterra. Os filósofos pioneiros do pensamento liberal foram Thomas Hobbes (1588-1679) e John Locke (1632-1704). Hobbes, que acabou criando a figura do *Leviatã* (monstro marinho citado no Antigo Testamento) para simbolizar o Estado absoluto e, portanto, totalmente contrário ao pensamento liberal, contribuiu para criar as bases do mesmo liberalismo quando afirmou que o entendimento da vida em sociedade deve partir da observação do comportamento do indivíduo. Foram seus desejos, valores e temperamentos, a razão da criação do Estado. Foram os indivíduos que moldaram a sociedade e não a sociedade que moldou os indivíduos.

Hobbes observou que o ser humano é um ser individualista e pragmático. Ele prioriza sua sobrevivência material e sua liberdade pessoal. Mas como todos os indivíduos agem assim, então logo eles entrariam em conflito. A sobrevivência e a liberdade de cada um invadiria a esfera do próximo. Assim estava estabelecida a guerra de todos contra todos. Para evitar essa situação, seria necessária a criação de um poder absoluto, que estivesse acima dos indivíduos e que eles não pudessem enfrentar. A esse mecanismo poderoso, Hobbes[3] deu o nome de Leviatã.

Locke, assim como Hobbes, partiu do indivíduo para chegar à sociedade e ao Estado, mas diferente deste, considerou que os entes públicos necessários deveriam ser restritos. O Estado deveria realizar as funções mínimas necessárias à vida em sociedade. No livro *Segundo tratado sobre o governo civil*[4], Locke delineia toda a sua teoria política. Começando a descrever como seria a vida no estado de natureza, ele segue para a instituição de leis comuns à sociedade, para a criação do Estado e sua estrutura de funcionamento.

Para Locke, no estado de natureza, os homens viviam "num estado em que eles eram absolutamente livres para decidir suas ações, dispor de seus bens e de suas pessoas como bem entendessem, dentro dos limites do direito natural, sem pedir a autorização de nenhum outro homem nem depender de sua vontade (...) Um estado de igualdade, onde a reciprocidade determinava todo o poder e toda a competência, ninguém tendo mais que os outros".

Mas embora o homem vivesse feliz no estado de na-

---

3 *O Leviatã: Thomas Hobbes.* Editora Martin Claret. 2008.

4 *Segundo Tratado do Governo Civil: John Locke.* Editora Edipro. 2004.

tureza, essa felicidade era precária, uma vez que sempre haveria alguém que poderia violar seus direitos. Seria totalmente justo que aquele que foi violado julgasse e condenasse o violador. Mas como "não é razoável que os homens sejam juízes em causa própria, pois a autoestima os tornará parciais em relação a si e a seus amigos: e, por outro lado, que a sua má natureza, a paixão e a vingança os levem longe demais ao punir os outros; e, nesse caso, só advirá a confusão e a desordem; e certamente foi por isso que Deus instituiu o governo para conter a parcialidade e a violência dos homens".

A instituição de um governo para dirimir os conflitos e executar as leis, para Locke, não eliminaria a liberdade e a responsabilidade individual. Seria justamente para garanti-las que foi criado o Estado e seu governo. O exercício dessa liberdade foi descrita por Locke como: "A liberdade dos homens submetidos a um governo consiste em possuir uma regra permanente à qual deve obedecer, comum a todos os membros daquela sociedade e instituída pelo poder legislativo nela estabelecido. É a liberdade de seguir minha própria vontade em todas as coisas não prescritas por essa regra; e não estar sujeito à vontade inconstante, incerta, desconhecida e arbitrária de outro homem."

Caberia também ao Estado garantir o direito de propriedade de cada um. O conceito de propriedade privada é exposto por Locke da seguinte forma: "Ainda que a terra e todas as criaturas inferiores pertençam em comum a todos os homens, cada um guarda a propriedade de sua própria pessoa; sobre esta ninguém tem qualquer direito, exceto ela. Podemos dizer que o trabalho de seu corpo e a obra produzida por suas mãos são propriedade sua (...) Assim, a grama que meu cavalo pastou, a relva que meu criado cortou e o ouro que eu extraí em qualquer lugar, onde eu tinha direito a ele em comum com outros, tornaram-se minha propriedade sem a cessão ou o consentimento de ninguém. O trabalho de removê-los daquele estado comum em que estavam fixou meu direito de propriedade sobre eles (...) A superfície da terra que um homem trabalha, planta, melhora, cultiva e da qual pode utilizar os produtos, pode ser considerada sua propriedade (...) Quando Deus deu o mundo em comum a toda a humanidade, também ordenou que o homem trabalhasse, e a penúria de sua condição exigia isso dele. Deus e sua razão ordenaram-lhe que submetesse a terra, isto é, que a melhorasse para beneficiar sua vida, e, assim fazendo, ele estava investindo uma coisa que lhe pertencia: seu trabalho. Aquele que, em obediência a esse comando divino, se tornava senhor de uma parcela de terra, a cultivava e a semeava, acrescentava-lhe algo que era sua propriedade, que ninguém podia reivindicar nem tomar dele sem injustiça".

Mas o direito à propriedade está condicionado às necessidades do proprietário. "A mesma lei da natureza que nos concede dessa maneira a propriedade, também lhe impõe limites. Deus nos deu tudo em abundância (...) Mas até que ponto ele nos fez a doação? Para usufruirmos dela. Tudo o que um homem pode utilizar de maneira a retirar uma vantagem qualquer para sua existência sem desperdício, eis o que seu trabalho pode fixar como sua propriedade."

Mais adiante, no mesmo livro, Locke explica que o governo da comunidade civil estabelecida não pode ser absoluto, e nisso ele difere diametralmente de Hobbes. Locke diz que cabe ao Estado julgar e punir os agressores da liberdade de seus cidadãos. Mas se o poder for absoluto, qualquer governante pode julgar em causa própria ou de seus amigos, então não haveria como recorrer. A sociedade ficaria dependente do governo.

Assim deveria ser o governo proposto por Locke: "Seja quem for que detenha o poder legislativo, ou o poder supremo, de uma comunidade civil, deve governar através de leis estabelecidas e permanentes, promulgadas e conhecidas do povo, e não por meio de decretos improvisados; por juízes imparciais e íntegros, que irão decidir as controvérsias conforme essas leis; e só deve empregar a força da comunidade, em seu interior, para assegurar a aplicação dessas leis, e, no exterior, para prevenir ou reparar as agressões do estrangeiro, pondo a comunidade ao abrigo das usurpações e da invasão. E tudo isso não deve visar outro objetivo senão a paz, a segurança e o bem público do povo".

Nos textos de Locke se fundam os principais postulados do liberalismo: direito à vida, à liberdade, ao fruto do trabalho, à propriedade privada e à submissão a um Estado limitado à garantia desses direitos. A sociedade política para Locke seria "uma sociedade de homens constituída apenas para a busca, preservação e progresso de seus próprios interesses civis". Vemos que, para Locke, os membros do pacto social não abandonam nenhum direito exceto um: o direito de fazer justiça com as próprias mãos, enquanto para Hobbes, esses membros abandonam todos seus direitos exceto um: o direito à vida.

Após Locke, surgiu uma série de pensadores que também são colocados como base do pensamento liberal. Falamos de Francis Hutcheson (1694-1746), Montesquieu (1689-1755), David Hume (1711-1776) e Adam Smith (1723-1790).

Francis Hutcheson, teólogo e filósofo irlandês, radicado na Escócia, foi um dos primeiros pensadores do chamado Iluminismo escocês. Ele foi o grande mestre de Hume e Adam Smith, seus sucessores nessa escola iluminista. Hutcheson combateu a mentalidade estoica e pessimista do puritanismo protestante da época. Ele tinha uma visão otimista do ser humano e defendia a liberdade e o progresso individual. Acreditava que o progresso de cada um contribui para o progresso de todos. É sua a famosa frase "A melhor ação é aquela que produz a maior felicidade para o maior número."

Na mesma época de Hutcheson, surgia na França um pensador que tinha grande admiração pelo Iluminismo escocês e pelo nascente Liberalismo inglês, Montesquieu. Ele foi autor do famoso livro *O espírito das leis*[5], que serviu de fonte para a organização do Estado em diversos países, inclusive os Estados Unidos. Nesse livro, Montesquieu defendia a separação dos poderes políticos em Poder Executivo, Poder Legislativo e Poder Judiciário. Cada um deles independentes. Isso permitia que o Estado controlasse o próprio Estado, evitando o excesso de poder na mão de um só mandatário.

Montesquieu não acreditava que todos os homens fossem iguais, mas acreditava que seria possível harmonizar as diferenças. Ele defendia o equilíbrio dos poderes sociais e a cooperação dos poderes políticos. Defendia a liberdade dos cidadãos mais que o poder absoluto do povo. Segundo ele, pode ocorrer que o povo seja soberano e os cidadãos percam a liberdade.

Por considerar a pluralidade da sociedade, Montesquieu entendia ser necessária a moderação de suas leis. Cada um tem que ceder um pouco para que todos vivam melhor. Assim, cada povo tem suas leis, mas todos têm que buscar um denominador comum. Há leis particulares, adaptadas às condições locais, mas também há leis universais, adaptadas à natureza humana. Do equilíbrio entre essas leis depende o bem-estar da humanidade.

---

5 *O espírito das leis*: Montesquieu. Editora Martin Claret, 2010.

A moderação e a imparcialidade foram características presentes em toda a obra de Montesquieu. Para sustentar esses valores, ele teve que demonstrar grande coragem. Coragem para discordar dos radicais e coragem para divergir dos poderosos. Jean Starobinski[6], um dos principais analistas da obra de Montesquieu, diz: "Ele defenderá a religião diante dos materialistas e dos 'spinozistas', mas a atacará diante do clero; e morrerá como cristão respeitoso, após ter-se confessado.(...) Ele é, juntamente como o seu compatriota Montaigne, um dos poucos que sabem ocupar as meias distâncias, sem se deixar ganhar pela mediocridade. A moderação, tal como a pratica Montesquieu, não é uma virtude do estreitamento. É, ao contrário, a atitude que torna possíveis a mais vasta abertura e a mais ampla acolhida."

Voltando às ilhas britânicas, encontramos os discípulos de Hutcheson, Hume e Adam Smith. Hume, na sua maior obra política, *Ensaios morais, políticos e literários*[7], analisa a origem da sociedade política e a função dos governos nos mesmos moldes que o fez Locke. Ele defendia a liberdade individual, a propriedade privada dos meios de produção e a regulação do governo por parte da sociedade.

Junto com Hume, do qual era amigo, surgiu o pensa-

---

6 Jean Starobinski: *Montesquieu*. Companhia das Letras, primeira edição, 1990. Página 23.

7 *Ensaios morais, políticos e literários:* David Hume. Editora Topbooks, 2004.

dor escocês Adam Smith, que viria a revolucionar todo o sistema de produção e de geração de riqueza no mundo. Se até então, acreditava-se que a riqueza e o bem-estar dependiam do acúmulo de recursos naturais, a partir de Smith, passou-se a entender que ela provinha da produtividade do trabalho humano. Isso, para a época, representou uma mudança copernicana. O centro da geração de riqueza deixava de ser a natureza e sua exploração e passava a ser a inteligência humana e o seu desenvolvimento. Dessa forma, Smith explicava que nações que não contavam com riquezas naturais poderiam tornar-se desenvolvidas e nações extremamente ricas nesses recursos poderiam continuar pobres.

Em seu livro *Estudo sobre a natureza e causas da riqueza das nações*[8], mais conhecido como *Riqueza das Nações*, Smith verificou que a divisão e a especialização do trabalho aumentavam imensamente a produtividade do trabalhador. Enquanto um operário, dizia ele nesse livro, trabalhando sozinho seria capaz de produzir pouco mais do que um alfinete por dia e, portanto, dez trabalhadores produziriam cerca de dez alfinetes diários, se o processo de fabricação fosse fracionado em partes, cabendo a cada um realizar uma parte do mesmo, a produção dos dez trabalhadores seria multiplicada em mais de mil vezes.

---

[8] *A riqueza das Nações:* Adam Smith. Editora WMF Martins Fontes, 2016.

Além dos grandes avanços trazidos pela divisão das tarefas produtivas, Smith também nos lembra que essa técnica permite a racionalização, mecanização e especialização da produção, que garantem melhor qualidade dos produtos e diminuição do custo de fabricação. Assim ele explica: "O grande aumento da quantidade de trabalho que, em consequência da divisão do trabalho, o mesmo número de pessoas é capaz de executar, deve-se a três circunstâncias: primeira, ao aumento de destreza em cada operário; segunda, à economia de tempo que é comumente perdido ao passar de uma espécie de trabalho para outra; finalmente, à invenção de grande número de máquinas, que facilitam e abreviam o trabalho, e permitem a um homem fazer o trabalho de muitos" (*A Riqueza das Nações*, daqui em diante chamado de RN. Livro I, capítulo I)

O aumento da produtividade gera vantagem para todos os extratos da sociedade, do mais rico ao mais pobre. Ele permite que os extratos mais pobres da população passem a ter acesso a bens de consumo que de outra forma não seria possível. Assim, com a divisão do trabalho, num país civilizado, a diferença do nível de vida dos mais pobres em relação aos mais ricos pode crescer, mas, ainda que isso ocorra, a qualidade de vida dos mais pobres será muito maior do que era anteriormente.

Para que a divisão do trabalho traga mais proveito para sociedade é necessária a existência de um mercado extenso que dê vazão ao aumento da produção e permita economia de escala para produzir mercadorias melhores e mais baratas. Quanto mais liberdade de comércio, maior a produção e maiores serão os ganhos dos produtores e dos consumidores. Maior o ganho, maior o interesse em produzir e consumir. Assim, cria-se um círculo virtuoso. O interesse do empresário, ainda que seja um desejo egoísta, acaba, por meio dos mecanismos de mercado, melhorando a vida de todos. A citação de Adam Smith a esse respeito é famosa até hoje. Ele diz: "Não é da benevolência do açougueiro, cervejeiro, ou padeiro, que esperamos nosso jantar, mas de sua preocupação por seu próprio interesse. Dirigimo-nos, não à sua humanidade, mas ao seu amor-próprio, e nunca lhes falamos de nossas necessidades, mas das vantagens deles. (...) Como é por acordo, barganha ou compra que obtemos uns dos outros a maior parte daqueles mútuos bons ofícios de que carecemos, assim é essa mesma disposição comercial que originalmente dá ocasião à divisão do trabalho" (RN livro I, capítulo 2).

Em *A riqueza das Nações*, Smith analisa os principais conceitos da ciência econômica. Conceitos, como moeda enquanto objeto de troca e reserva de valor, preço real e preço nominal das mercadorias, lei da oferta e da demanda, o problema dos monopólios de produção e comercialização, trabalho produtivo e trabalho improdutivo, poupança e investimento, dentre vários outros, continuam a ser usados até hoje. Muitos desses conceitos foram criados pelo próprio Smith, que por isso é considerado o fundador da ciência econômica moderna.

Quanto ao papel do Estado, Smith dizia que suas tarefas deveriam ser restritas a: garantir a segurança da sociedade contra ameaças externas, proteger o cidadão da injustiça e opressão gerada por outro cidadão e administrar as atividades de interesse público, que não seria de interesse da iniciativa privada fazê-lo. A tarefa de defesa da sociedade, num país civilizado, deveria ser destinada a uma força militar profissional. Essa força deve ser paga pela sociedade, através dos impostos, para que ela possa dedicar-se exclusivamente às suas obrigações, mesmo em tempo de paz. A tarefa de administrar a justiça também deve ser custeada pela população. Essa atividade requer profissionais de carreira, qualificados e que, como os militares, tenham dedicação exclusiva ao seu trabalho.

Com relação às obras de interesse público, terceira e última função específica do setor público, Smith defendia, já na sua época, a parceria público-privada, como o sistema de concessão de serviços públicos, conforme diz o texto: "Uma estrada, uma ponte, um canal navegável, por exemplo, na maioria dos casos podem ser feitos e mantidos por um pequeno pedágio sobre os carros que os utilizam. Essa taxa ou pedágio, apesar de ser adiantada pelo transportador, é finalmente paga pelo consumidor, que sempre deve arcar com o preço das mercadorias. Como a despesa de transporte, porém, é muito reduzida por meio de tais obras públicas, os artigos, apesar do pedágio, chegam mais baratos ao consumidor do que ocorreria de outra maneira; seu preço não sendo tão elevado pelo pedágio quanto é baixado pelo transporte. A pessoa que finalmente paga essa taxa, portanto, ganha pela aplicação mais do que perde pelo seu pagamento. Seu pagamento é exatamente na proporção de seu ganho. Na realidade, não é mais que parte daquele ganho de que é obrigado a abrir mão para conseguir o resto. Parece impossível imaginar um método mais equitativo de levantar uma taxa" (RN livro V, capítulo 1, parte 3).

Sobre os tributos que a nação cobra dos indivíduos, Smith defendia que eles deveriam respeitar quatro condições: capacidade contributiva de cada contribuinte, ser fixado por lei geral de forma não arbitrária, ser recolhido no momento e da maneira que forem mais convenientes para o contribuinte e ser planejado de tal modo que retire de cada contribuinte o mínimo possível de sua renda total.

Adam Smith também era contrário à política colonial da Inglaterra na época. Ele defendia que todas as colônias, principalmente Estados Unidos e Índia fossem declaradas independentes. O livre comércio entre os países supririam amplamente as aparentes vantagens da manutenção dessas colônias.

Ao discorrermos sobre Hobbes, Loke, Hutcheson, Montesquieu, Hume e Adam Smith, já temos uma boa base para entender as origens do pensamento liberal. Agora passemos para o liberalismo no século XIX, fase de sua consolidação e de seu apogeu.

# 3 O LIBERALISMO NO SÉCULO XIX

O século XIX foi, de fato, o período do apogeu do liberalismo, período em que se pôs em prática, em parte da Europa e nos Estados Unidos, seu corolário político e econômico.

Algumas décadas depois de Adam Smith, apareceu na França o filósofo e político de origem suíça, Henri-Benjamin Constant de Rebecque, mais conhecido como Benjamin Constant[9] (1767-1830), cuja obra mais conhecida é *A liberdade dos antigos comparada à dos modernos*[10], publicada em 1819.

Para Constant, a liberdade dos antigos era o direito de participação direta dos cidadãos livres na política pública. Como as sociedades eram pequenas e muito do trabalho braçal era executado por escravos ou servos, havia a possibilidade de intervenção na condução dos negócios do governo. Os cidadãos influenciavam o dia a dia da política e eram corresponsáveis pela gestão pública.

---

9 Não confundir com o militar e positivista brasileiro Benjamin Constant Botelho de Magalhães (1836-1891).
10 *A liberdade dos antigos comparada à dos modernos:* Benjamin Constant. Editora Edipro. 2019.

Assim, os indivíduos tinham liberdade de participação, liberdade de governar juntos.

Como as sociedades foram crescendo e se tornando cada vez mais complexas, foi instituída a democracia representativa. Os cidadãos não tinham mais condição de intervir diretamente na gestão pública. Então eles elegiam representantes para essa função. Nessa situação o importante era a liberdade em relação ao Estado, uma vez que pelo seu tamanho e autonomia, ele poderia extrapolar em suas funções. Essa seria a liberdade dos modernos. Então, a liberdade dos antigos era o direito de participar do poder e a liberdade dos modernos é a de ser livre das garras do poder.

No mundo antigo, dizia Constant, prevalecia a autonomia das pequenas comunidades, que tinham poucas relações comerciais e políticas entre elas. Assim, quando havia discordâncias, se recorria à disputa armada, à guerra. Era uma ordem guerreira. Nas sociedades modernas, o mais importante seria evitar a guerra e fortalecer o comércio internacional. A guerra gera custos e prejudica a produção e o consumo de bens e serviços entre as nações. Devia-se caminhar para uma ordem comercial.

Constant defendia a monarquia constitucional, nos moldes ingleses. Para ele, esse sistema político trazia a estabilidade nas funções de chefe de Estado e a flexibilidade nas funções de chefe de governo. Na França, onde ele viveu a maior parte de sua vida, a situação política era muito mais instável do que na Inglaterra. A Revolução Gloriosa na Inglaterra, em 1688, retirou da monarquia as funções de governo e gerou um ambiente mais pacífico no país. Na França, a Revolução de 1789, foi muito mais traumática, levando o país a um longo período de barbáries nunca vistas até então.

Em relação à defesa das liberdades individuais, Constant escreveu: "Defendi quarenta anos o mesmo princípio, a liberdade, em tudo, em religião, em filosofia, em literatura, em indústria, em política: e por liberdade, entendo o triunfo da individualidade sobre a autoridade, tanto sobre a autoridade que governaria pelo despotismo, quanto as massas que reclamam o direito de dominar a minoria pela maioria. O despotismo não tem nenhum direito. A maioria tem o de coagir a minoria a respeitar a ordem: mas tudo o que não perturba a ordem, tudo o que é interior, como a opinião: tudo o que, na manifestação da opinião não prejudica outrem, seja provocando violências materiais, seja opondo-se a uma manifestação contrária, tudo o que, em fato de indústria, deixa a indústria rival exercer-se livremente, é individual, e não poderia ser de modo legítimo submetida ao poder social"[11]

O trabalho de Benjamin Constant influenciou, ainda que indiretamente, o pensamento do filósofo inglês Isaiah Berlin, que veremos mais adiante.

---

11 *Mélanges de littérature et de politique:* Benjamin Constant. Hachette Livre BNF. 2017.

Avançando um pouco no tempo, encontramos, ainda na França, o trabalho de Alexis de Tocqueville (1805-1859), um jovem advogado que escreveu uma das mais importantes análises sociológicas de todos os tempos. Uma verdadeira pesquisa de campo imersa num ambiente novo e completamente diferente da realidade europeia da época, os Estados Unidos. A obra resultante dessa pesquisa veio a se chamar *A Democracia na América*[12], publicada em 1835 (primeira parte) e em 1840 (segunda parte).

No início do livro, após a breve apresentação dos aspectos geográficos dos Estados Unidos, Tocqueville descreve a origem dos anglo-americanos que, segundo ele, é outro importante diferencial daquele país. Diz ele: "A América é o único país onde se pôde assistir ao crescimento natural e tranquilo de uma sociedade e no qual foi possível distinguir precisamente a influência exercida pela origem sobre o futuro dos Estados" (*A Democracia na América*, daqui em diante chamado de DA. Livro I. primeira parte, cap. II)

A própria situação de imigração colocou os colonizadores em condições muito parecidas, pois aqueles que precisam emigrar são os que têm mais dificuldade de viver no seu país de origem. Essas dificuldades servem para igualar as pessoas, principalmente quan-

---

12 *A Democracia na América:* Tocqueville. Editora Folha de São Paulo. 2010.

do elas são vítimas de segregações típicas do sistema aristocrático.

A grande extensão territorial dos Estados Unidos permitiu que todos aqueles que lá chegavam pudessem ter sua própria terra. Todos puderam ser proprietários, um sonho que nunca seria realizado em seu país de origem.

A influência religiosa dos imigrantes foi outro fator importante para o desenvolvimento dos estados do nordeste americano. Os imigrantes, que se autodenominavam peregrinos, pertenciam à seita conhecida como puritana. Tocqueville mostra que o puritanismo não era apenas uma doutrina religiosa; "confundia-se ainda, em vários aspectos, com as teorias democráticas e republicanas mais absolutas. Por causa dessa tendência, tinha ganhado os seus mais perigosos adversários. Perseguidos pelo governo da mãe-pátria, ofendidos no rigor de seus princípios pela marcha quotidiana da sociedade em cujo seio viviam, os puritanos procuravam uma terra tão bárbara e tão abandonada pelo mundo que nela pudessem ainda viver à sua maneira e rezar a Deus em liberdade" (DA, livro I, primeira parte, cap. II)

As pequenas propriedades de caráter unifamiliar e o forte sentimento comunitário dos primeiros imigrantes também contribuíram para o desenvolvimento da cultura do poder local nos Estados Unidos, que cultivava a ideia de que tudo o que pode ser decidido pela comunidade local não deve ser decidido por instâncias superiores. Dessa forma, a comuna nasceu antes do condado, o condado antes dos estados, e os estados antes da União.

O nivelamento cultural, econômico e político criaram as condições para o exercício da soberania popular, condição que, segundo Tocqueville, nenhum outro país desfrutava de forma tão intensa. Ele mesmo nos fala sobre isso: "O povo participa da composição das leis, pela escolha dos legisladores da sua aplicação pela eleição dos agentes do poder executivo; pode-se dizer que ele mesmo governa, tão frágil e restrita é a parte deixada à administração, tanto se ressente esta da sua origem popular e obedece ao poder de que emana. O povo reina sobre o mundo político americano como Deus sobre o universo. É ele a causa e o fim de todas as coisas; tudo sai do seu seio, e tudo se absorve nele". (DA, livro I, primeira parte, cap. IV)

A democracia facilita o desenvolvimento da noção de direito individual e coletivo nos Estados Unidos. Sobre isso Tocqueville afirmou: "O governo da democracia faz com que a ideia de direitos políticos desça até o menor dos cidadãos, com a divisão dos bens põe a ideia de direito de propriedade em geral ao alcance de todos os homens. Na minha opinião, é esse um dos seus maiores méritos. Não quero dizer, com isso, que seja fácil ensinar a todos os homens a servir-se dos direitos políticos; digo apenas que, quando tal se pode dar, os efeitos daí resultantes são grandes. E acrescento que, se existe um século no qual deve ser tentada tal empresa, esse século é o nosso." (DA, livro I, segunda parte, cap. VI)

Mas para que os direitos sejam observados, é necessário que todos desenvolvam a cultura de respeito às leis. Nos Estados Unidos, essa percepção chegou aos extremos. O sistema cultiva a liberdade, mas o império da lei limita o seu exercício. Segundo Tocqueville, nos Estados Unidos, cada um respeita a lei porque tem interesse em que todos a respeitem. Hoje, os que são beneficiados pela lei, amanhã podem estar do outro lado. A alternância de poder no sistema democrático impõe a todos o direito e a responsabilidade de governar, mas também protege aqueles que são governados.

O amor à riqueza, ao contrário do que ocorre em vários outros países, não é estigmatizado nos Estados Unidos. Lá, desde que não fira a ordem pública, ele é estimulado e mesmo honrado. A valorização do espírito empreendedor, a propensão ao risco, leva os americanos a elogiar, tanto aqueles que obtiveram sucesso em seus negócios, como aqueles que fracassaram, uma vez que a atividade empresarial pressupõe as duas coisas. Alguém que, ao longo de sua trajetória profissional, passou por altos e baixos é ainda mais bem visto do que aqueles que obtiveram sucesso imediato.

Junto com o amor à riqueza, o americano cultiva o amor à liberdade de iniciativa. Quanto menos o poder público se intrometer na atividade privada, melhor. O americano considera que a tarefa do poder público é garantir as condições para o desenvolvimento dos negócios privados. Por isso, ao contrário do que ocorre na Europa, a ideia de conseguir um emprego público não é uma das principais ambições do jovem americano.

O caso dos Estados Unidos parece singular a Tocqueville. Lá foi possível iniciar a democracia em um ambiente igualitário. Não foi necessário derrubar um sistema aristocrático de desigualdade para implantar a democracia. Se assim fosse, seria natural que houvesse, num primeiro momento, uma concentração de poder nas mãos do Estado para evitar que a transição entre um sistema desigual e um sistema igualitário viesse a derivar para a anarquia. O trecho em que o autor resume este pensamento é o seguinte: "Os homens que vivem nos Estados Unidos jamais foram separados por qualquer privilégio; jamais conheceram a relação recíproca de inferior e senhor e, como não temem nem se odeiam uns aos outros, jamais tiveram necessidade de invocar o soberano para dirigir as menores coisas dos seus afazeres. O destino dos americanos é singular: tomaram à aristocracia da Inglaterra a ideia dos direitos individuais e o gosto às liberdades locais; puderam conservar ambos, porque não tiveram de combater a aristocracia" (DA, livro II, quarta parte, cap. VI).

Contemporâneo de Tocqueville, do outro lado do canal da Mancha, despontou o filósofo, economista e político britânico John Stuart Mill (1806-1873). Filho de James Mill, também filósofo, John foi um libertário utilitarista. Libertário porque era, para a época, bastante radical na defesa da liberdade e da autonomia pessoal em todos os aspectos, inclusive nos comportamentos morais. Utilitarista, pois seguia o pensamento de Jeremy Bentham, que colocava a busca pela felicidade como o principal fim das ações humanas.

Na sua principal obra, *Sobre a liberdade*[13], Mill cria o princípio do dano, segundo o qual o indivíduo pode fazer o que quiser, desde que não cause danos aos demais. Sobre isso ele disse: "Sobre si mesmo, sobre seu corpo e mente, o indivíduo é soberano". No livro, Mill entrelaça vários ramos do pensamento liberal. Liberdade política, autonomia negativa, autodesenvolvimento, liberdade como intitulamento, liberdade de opinião, liberdade como autogoverno, liberdade como privacidade e independência.

Outra importante contribuição de Mill, dada a precocidade e o ineditismo, foi a defesa dos direitos das mulheres. Influenciado por sua esposa, Harriet Taylor, uma feminista para a época, ele escreveu o livro *A sujeição das mulheres*[14], onde ataca ferozmente a mentalidade machista reinante na Inglaterra.

---

[13] *Sobre a liberdade:* John Stuart Mill. Editora L&PM. 2019.
[14] *A sujeição das mulheres:* John Stuart Mill. Editora Le Books. 2019.

Depois de Tocqueville e Mill, merece destaque no ideário liberal o pensamento do historiador britânico John Emerich Edward Dalberg-Acton, mais conhecido como Lord Acton (1834-1902). Como professor da Universidade de Cambridge, ele coordenou a edição da famosa *Enciclopédia da História Moderna* daquela Universidade. Lord Acton foi o autor da famosa frase: "O poder tende a corromper, e o poder absoluto corrompe absolutamente."

No pensamento de Lord Acton, a defesa da liberdade individual é um imperativo moral e ela está diretamente ligada à responsabalidade. Se o poder central elimina a liberdade, ele está eliminando também a responsabilidade. O indivíduo, então, não seria mais responsável por seus atos, o que contraria a natureza humana. Acton dizia que a liberdade não é um meio para atingir um fim político, ela é, por si mesma, o próprio fim político. Sem liberdade e responsabilidade pessoais, não podemos alcançar os fins mais elevados da sociedade civil e da vida privada.

Em relação à teoria política, Acton definiu claramente quem detém o poder político e quais devem ser os poderes do Estado. Na democracia, dizia ele, é o povo que detém os poderes políticos e, no liberalismo, os poderes do Estado devem ser limitados à execução das tarefas delegadas pelos indivíduos.

Já na época de Lord Acton, começou a se desenvolver

na Inglaterra, entre os liberais, certa oposição ao excesso de individualismo das propostas dos liberais clássicos, principalmente as do liberalismo libertário de Mill. Thomas Hill Green (1836-1882) e Francis Charles Montague (1858-1935) argumentaram que seria dever do Estado fornecer as condições mínimas de competição para os mais fracos, uma vez que eles faziam parte da sociedade e que sua situação de pobreza poderia prejudicar o desenvolvimento do todo.

Em *The limits of individual liberty*[15], Montague afirmou que a liberdade individual requer certas condições mínimas para ser exercida, condições que o Estado deveria fornecer, sem retirar a liberdade dos mais fortes. Em *Lectures on the principles of political obligation*[16], Green refutou o conceito negativo de liberdade (ausência de impedimento) e defendeu um conceito positivo para a mesma (ter condições para). Para ele, a função do Estado deveria ser a remoção dos obstáculos para o desenvolvimento pessoal e não apenas a garantia da liberdade individual. Dessa forma, "Deve-se estar preparado para violar a letra do velho liberalismo para ser fiel ao seu espírito – o amparo à liberdade individual. Isso exigia fortalecer o acesso à oportunidade."[17]

---

[15] *The limits of individual liberty:* Francis Charles Montague. Editora Hansebooks. 2019.

[16] Em *Lectures on the principles of political obligation:* Thomas Hill Green. Editora Cambridge University Press. 1986.

[17] Trecho retirado do livro *O Liberalismo – Antigo e Moderno*, de José Guilherme Melquior, pág. 141 Editora É Realizações, 2006.

A análise do pensamento de Benjamin Constant, Tocqueville, Mill, Lord Acton, Green e Montague serve para termos um boa ideia do desenvolvimento do liberalismo ao longo do século XIX. Passemos agora a analisar os principais pensadores liberais do século XX, século que iniciou com o arrefecimento do liberalismo político e econômico e que terminou com seu regaste histórico.

# 4 O LIBERALISMO NO SÉCULO XX

A primeira metade do século XX foi considerada por muitos historiadores como o período mais conturbado da história moderna. Nesse período, eclodiu a primeira Guerra Mundial, a Revolução Russa, a crise de 1929, o Fascismo, a Revolução Chinesa e a segunda Guerra Mundial. Todos esses eventos provocaram dezenas de milhões de mortos e destruíram a infraestrutura econômica de diversos países. O liberalismo, então em voga no século anterior, sofreu um forte revés. Mesmo os países que não o abandonaram por completo passaram a mitigá-lo com aumento do presença do Estado na economia.

Nos Estados Unidos, para enfrentar a crise de 29, foi posto em prática, pelo presidente Franklin Delano Roosevelt, o plano econômico conhecido como *New Deal* (Novo Acordo). Esse plano consistia no aumento dos gastos do governo para tirar a economia do estado de paralisia. O embasamento teórico para as medidas de aumento de gastos, até então considerado prejudicial pelos economistas liberais, foi fornecido pelo famoso economista britânico John Maynard Keynes (1883-1946). Para Keynes, se a economia estiver estagnada, sem força própria para se recuperar, é necessário que o governo injete adrenalina no mercado. Isto é, o governo deve imprimir moeda e aumentar seus gastos, direcionando-os para investimentos, financiamento das empresas, auxilio para os mais desvalidos e programas de incentivos sociais. Sendo assim, o estado de prostração da economia é superado por meios externos ao funcionamento natural do mercado.

A grande depressão dos anos 30 contagiou o mundo todo. A Europa, que vinha se recuperando dos efeitos da primeira Guerra Mundial, voltou a cair em recessão. Em vários países europeus, setores radicais fundaram seus partidos fascistas. A guerra e a recessão fizeram com que a população europeia tendesse para o nacionalismo, culpando o liberalismo e o comércio mundial pelos problemas enfrentados. Despontaram assim, no panorama político local, líderes fascistas que contagiaram as massas e chegaram ao poder. Na Itália, Mussolini, que já estava no poder antes da crise de 30, ganhou mais apoio e implantou um governo totalitário. Na Alemanha, ascendeu ao poder um líder até então desconhecido, Adolf Hitler.

Após o fim da segunda Guerra Mundial, o fortalecimento da União Soviética, que incorporou diversos países da Europa Oriental, amedrontou os países da Europa Ocidental, que se sentiram ameaçados pelo sistema socialista. Assim, nações como Inglaterra, França, Alemanha Ocidental e Itália começaram a desenvolver um amplo sistema de proteção social. A esse sistema de proteção deu-se o nome de *Welfare State*, isto é, Estado de bem-estar social. Assistência médica, aposentadoria e educação subsidiadas pelo Estado contribuíram para melhorar as condições de vida da população e a refrear o ímpeto revolucionário atiçado por partidos esquerdistas locais.

Já no último quarto do século, as duas grandes crises do petróleo, de 1973 e de 1979, romperam o ambiente de otimismo e expansão econômica vigente até então. As guerras de Israel contra seus vizinhos árabes, entre 1969 e 1973, e a Revolução Islâmica no Irã, em 1979, levaram os países produtores de petróleo a elevar drasticamente o preço desse combustível. Em 1973, esse preço subiu de 3 para 9 dólares o barril e, em 1979, o mesmo passou de 13 para 33 dólares. Em seis anos, o petróleo teve seu preço multiplicado por dez.

A disparada do preço do petróleo pegou a maioria dos países consumidores no contrapé. Nos Estados Unidos, a inflação atingiu patamar inédito e as taxas de juros foram elevadas drasticamente. Com o aumento da inflação e das taxas de juros, o poder de compra da classe média caiu, afetando o mercado de consumo e o sistema de produção. Países, como o Brasil, quebraram e tiveram que dar calote na dívida externa e se endividar junto aos organismos financeiros internacionais.

Como consequência das crises do petróleo, a maioria dos países começou a rever suas políticas de bem-estar social e a reduzir os custos do setor público. Nos Estados Unidos e na Inglaterra, surgem dois políticos que implantaram um programa de governo considerado neoliberal. Margaret Thatcher governou a Inglaterra do início de 1979 ao fim de 1990 e Ronald Reagan foi presidente dos Estados Unidos entre os inícios de 1981 e 1989.

A reestruturação dos gastos públicos e a volta do equilíbrio orçamentário permitiram que esses dois países, entre outros líderes mundiais, conseguissem reduzir a inflação e a taxa de juros. Voltam o crédito barato e é elevado o poder de compra da população. O mundo capitalista retorna à sua trajetória de crescimento e novas invenções voltam a transformar radicalmente a vida do trabalho e do consumo.

No final da década de 1980, ocorre outro fato de grande impacto geopolítico, a queda do muro de Berlim. Esse evento marcou o início da derrocada da União Soviética, que se daria pouco tempo depois. Diversos países, que antes estavam sob o domínio soviético, se libertaram e passaram para o mundo liberal-democrático. A Alemanha foi reunificada e se transformou no grande líder europeu.

O liberalismo, que entrara em hibernação após a crise de 29, volta a despertar depois das crises do petróleo e da derrocada da União Soviética. No hiato de meio século, em que esteve ausente da prática governamental, o pensamento liberal continuou ativo, contribuindo inclusive com as mudanças políticas e econômicas ocorridas posteriormente. Vejamos então como evoluiu o pensamento liberal ao longo do século XX.

No período final do século XIX, teve início na Europa a famosa Escola Austríaca, principal corrente do pensamento liberal moderno. O precursor da Escola Liberal Austríaca foi o economista Carl Menger (1840-1921). Embora parte importante de sua obra tivesse sido escrita no quarto final do século XIX, sua influência serviu de base para a formação de um grupo de liberais no século XX.

Menger afirmava que a economia é a ciência que busca atender, da melhor maneira possível, às necessidades infinitas dos seres humanos, diante dos recursos finitos que nos são oferecidos pela realidade. Se os recursos fossem infinitos, talvez nem fosse necessária a ciência econômica. Ele define o conceito de utilidade como aquilo que satisfaz uma necessidade humana, e bem, como a materialização dessa utilidade. Como os bens que satisfazem a necessidade das pessoas não estão dispostos em abundância, então é necessário salvaguardar o direito de propriedade àqueles que viabilizaram esses bens.

Há, para Menger, uma distinção entre o conceito de bem e o de valor: Para ele, o valor não é algo inerente aos próprios bens, mas "um juízo que as pessoas envolvidas em atividades econômicas fazem sobre a importância dos bens de que dispõem para a conservação de sua vida e bem-estar". Só existe, portanto, na consciência das pessoas em questão. Os bens têm valor de acordo com o julgamento dos homens. "O valor é, por sua própria natureza, algo totalmente subjetivo."[18]

Cada indivíduo, portanto, atribui um valor a um bem e, pelo mecanismo de mercado, aceita trocar esse bem por algo que ele acredita ter valor igual ou maior. Assim, para entender o preço e a demanda por um bem, temos que considerar o valor que as pessoas dão a ele. Essa teoria do valor subjetivo das coisas é o maior legado de Menger para a economia.

Após Menger, o mais importante pensador da escola austríaca foi Ludwig von Mises (1881-1973). Mises foi professor de economia na Universidade de Viena entre 1913 e 1934. Como ele era de origem judaica, temendo as perseguições que começaram naquela época, fugiu, primeiramente para a Suíça e depois para os Estados Unidos, onde lecionou na Universidade de Nova Iorque até 1969, quando se aposentou.

As ideias de Mises tiveram grande repercussão no período do pós-guerra. Ele se tornou o mais importante pensador liberal da época. Uma das suas principais obra foi *O liberalismo segundo a tradição clássica* (já citada no

---

[18] Trecho extraído do livro *Economia do indivíduo: O legado da Escola Austríaca*, de Rodrigo Constantino. Disponível em https://www.mises.org.br/Ebook.aspx?id=26

primeiro capítulo deste livro). Nela, o autor mostra que o liberalismo busca conceder à razão o conhecimento das políticas sociais, assim como é concedido ao conhecimento de outras ciências. Sobre isso ele diz: "Problemas de políticas sociais são problemas de tecnologia social e deve-se buscar sua solução do mesmo modo e pelos mesmos meios à nossa disposição usados na solução de outros problemas técnicos; isto é, por meio da reflexão racional e pelo exame das condições dadas. O homem deve à razão tudo o que ele é e que o eleva acima dos animais. Por que, então, deveria o homem desprezar o uso da razão justamente na esfera do social, e confiar nos sentimentos e impulsos vagos e obscuros?"

Segundo Mises, o sistema capitalista é o único sistema possível para reduzir as injustiças sociais. Ele diz que esse sistema de produção concede aos empresários e investidores um único caminho para o enriquecimento: atender às necessidades dos indivíduos. Aos críticos do capitalismo, Mises atribui uma lógica perversa. Ele afirma que: "Muitos dos que atacam o capitalismo sabem muito bem que sua situação, sob qualquer outro sistema econômico, seria menos favorável. Não obstante, com pleno conhecimento desse fato, defendem uma reforma, isto é, o socialismo, porque anseiam que o rico, a quem invejam, também sofra com isso. De tempos em tempos, ouvimos socialistas dizerem que mesmo a carência material será mais facilmente suportável em uma sociedade socialista, porque as pessoas compreenderão que ninguém é melhor do que outro."

Baseado nas ideias de Adam Smith, Mises afirma que a ação cooperada dos indivíduos permite, por meio da divisão do trabalho e da liberdade de mercado, a produção de bens e serviços em escala abundante. "Foi a divisão do trabalho que tornou o débil homem, muito inferior à maioria dos animais em força física, senhor da terra e criador das maravilhas da tecnologia. Na ausência da divisão de trabalho, não estaríamos, em qualquer campo, mais avançados hoje do que nossos ancestrais de há milhares e milhares de anos", diz ele.

Para que a divisão do trabalho dê seus frutos, é necessária a garantia da propriedade privada dos meios de produção. Então Mises sustenta que essa garantia se torna a principal tarefa dos liberais, como vemos no texto: "Os liberais mantêm a opinião de que o único sistema de cooperação humana que, de fato, funciona numa sociedade baseada na divisão de trabalho, é a propriedade privada dos meios de produção. Por conseguinte, o programa do liberalismo, se pudermos condensá-lo em uma única palavra, se resumiria no termo 'propriedade', isto é, a propriedade privada dos meios de produção."

Junto com a palavra 'propriedade', o programa liberal coloca mais duas importantes palavras: 'liberdade' e 'paz'. A noção de liberdade individual é historicamente recente. Antes do surgimento do pensamento liberal, pensadores honestos e sensíveis à justiça social admitiam a existência da servidão como algo natural da raça humana. Pensava-se que seria correto considerar que alguns homens nasceram para a liberdade e outros para a servidão. O liberalismo foi que verificou que o trabalho livre é muito mais produtivo que o trabalho escravo. Mises diz: "O escravo não tem interesse em esforçar-se ao extremo. Trabalha na medida do necessário, para escapar à punição, resultante da incapacidade de executar a tarefa mínima. O trabalhador livre, por outro lado, sabe que, quanto mais trabalhar, mais bem remunerado será. Esforça-se, ao máximo, para aumentar sua renda", e conclui: "Se a humanidade tivesse conservado a prática de manter toda a força de trabalho, ou mesmo parte dela, em regime de escravidão, não teria sido possível o magnífico desenvolvimento econômico dos últimos 150 anos."

Quanto à defesa da paz mundial, o argumento de Mises é que o trabalho humano é o responsável pelo progresso da humanidade, e ele só frutifica mediante a cooperação social. A guerra prejudica a cooperação social e, portanto, é uma grande inimiga do progresso humano. A respeito, Mises aponta: "O liberal abomina a guerra, não como o humanista, que a abomina a despeito do fato de pensar que ela traga consequências benéficas, mas pelo fato de que ela provoca apenas consequências funestas." E ainda: "O liberal não exige qualquer sacrifício do mais forte; só exige dele que deveria compreender onde residem seus verdadeiros interesses e que deveria compreender que a paz é para o mais forte tão vantajosa quanto o é para o mais fraco. Mesmo para o vencedor, a paz é sempre melhor do que a guerra."

Junto com a defesa da propriedade privada, da liberdade individual e da paz social, Mises se opõe ao conceito de igualdade entre as pessoas. Para ele, "A natureza nunca se repete em sua criação; não produz nada às dúzias, nem são padronizados os seus produtos. Cada homem que nasce de sua fábrica traz consigo a marca do indivíduo, único e irrepetível. Os homens não são iguais e a exigência da igualdade por lei não pode, de modo algum, basear-se na alegação de que tratamento igual é devido a iguais." O liberalismo defende a igualdade perante a lei, isto é, todos devem ser tratados da mesma forma perante as normas. Mas considera que os indivíduos são e serão sempre desiguais entre si.

O Estado não pode exigir que toda a renda gerada no país seja, por decreto, distribuída igualmente entre todos. Se isso ocorresse, a própria renda a ser distribuída seria muito menor. O total a ser distribuído não é independente do modo pelo qual é dividido. Não se pode matar o mecanismo de geração de riqueza tentando modificá-lo por meios arbitrários. Ainda que haja injustiças no sistema capitalista, e as há, a porção apropriada pelos mais pobres é muito maior do que seria se todos se apropriassem de partes iguais.

A defesa da liberdade individual, para Mises, não pode ser confundida com o anarquismo. Ele defende a existência do Estado, uma vez que sempre haverá inimigos da paz social, inimigos da vida em sociedade. O Estado deve ter em mãos os mecanismos de coerção. Cabe a ele induzir as pessoas a obedecer às regras da vida em sociedade. Segundo Mises, "É esta a função que a doutrina liberal atribui ao estado: a proteção à propriedade, a liberdade e a paz."

Uma vez constada a necessidade da existência do Estado e determinadas suas funções, cabe verificar qual o sistema mais apropriado para a escolha dos governantes. Para Mises, o sistema democrático seria o mais apropriado, porque, segundo ele: "A democracia é a forma de constituição política que torna possível a adaptação do governo aos desejos dos governados, sem lutas violentas. Se, num estado democrático, o governo não mais se conduz, segundo o desejo da maioria da população, não é necessária uma guerra civil para colocar, no governo, quem deseja governar segundo a maioria. Por meio de eleições e acordos parlamentares, processa-se a mudança de governo de modo suave e sem fricções, sem violência e sem derramamento de sangue."

Finalmente, dentre as várias contribuições de Mises para o ideário liberal, podemos considerar que, para ele, a grande tentação do ser humano é querer criar um paraíso na terra. Essa intenção megalomaníaca distorce todo o mecanismo de geração de riqueza e acaba por levar uma boa intenção a um estado de miséria e de servidão. Mises dizia que "A vida do homem não constitui um estado de felicidade plena. A terra não é paraíso algum. Embora isso não seja falha das instituições sociais, as pessoas tendem a considerá-las responsáveis por isso."

Ao querer corrigir os efeitos indesejáveis da ordem econômica capitalista, os planejadores acabam criando uma ordem muito mais perversa. O liberalismo, para Mises, foi que tornou possível a democracia e o fim de privilégios tradicionalistas. Para ele, "O liberalismo demoliu as barreiras de classe e posição social, e liberou os homens das restrições que a antiga ordem lhes havia imposto. Foi na sociedade capitalista, sob um sistema de governo alicerçado em princípios liberais, que o indivíduo ganhou a oportunidade de participar diretamente da vida política e foi chamado a tomar uma decisão pessoal, no que se refere a objetivos e ideias políticas."

Depois de Mises, encontramos nos Estados Unidos a obra da pensadora russa, naturalizada americana, Ayn Rand (1905-1982). Ela, além de reconhecida pelo seu trabalho filosófico, também obteve sucesso como romancista. Seu livro mais famoso nessa área foi *A revolta de Atlas*[19], onde é exposta sua defesa da razão, do individualismo e do capitalismo e suas críticas à coerção do Estado sobre os indivíduos.

---

19 *A revolta de Atlas:* Ayn Rand. Editora Arqueiro, 2017.

Para Rand, o capitalismo carece de uma fundamentação teórica. Então ela busca fornecer essa base por meio do objetivismo, teoria filosófica que afirma ser a realidade independente da mente humana. Ela é uma realidade objetiva, que apresenta o ser humano como um ser individualista. Dessa forma, o melhor sistema social seria o apresentado pelo laissez-faire capitalista. Para o egoísmo racional do indivíduo, somente o sistema capitalista daria conta do recado.

Mais influência no pensamento liberal teve a alemã, de origem judaica, radicada nos Estados Unidos, Hannah Arendt (1906-1975). Ela foi professora da Universidade de Chicago e da *New School of Social Research*, em Nova York. Suas obras mais famosas foram *Origens do Totalitarismo*[20] e *Eichmann em Jerusalém*[21].

Em *Origens do Totalitarismo*, Arendt discorre sobre o antissemitismo, o imperialismo e o totalitarismo. Para nossos fins, interessa mais a terceira parte. Nela são descritos todos os aspectos de um regime totalitário. Seu nascimento, sua infância, sua maturidade e sua morte. Na época em que foi publicado, 1951, fazia pouco tempo que a segunda Guerra Mundial terminara, com a derrota do totalitarismo nazista, e ainda não havia ocorrido a morte de Stálin. Outras edições foram feitas, com mais

---

20 *Origens do Totalitarismo:* Hannah Arendt. Editora Companhia de Bolso. 2013.

21 *Eichmann em Jerusalém:* Hannah Arendt. Editora Companhia das Letras. 1999.

conteúdo acrescido pela autora, graças ao acesso de novos documentos sobre o regime de Hitler.

O objetivo básico do livro *Origens do Totalitarismo* está no próprio título. Como um sistema político tão nocivo pode nascer, inclusive em países desenvolvidos, como a Alemanha? Quais as características comuns entre os regimes totalitários? Qual o apelo popular desses regimes? Enfim, como tudo isso foi possível? Todas essas perguntas servem para se evitar que semelhantes situações se repitam.

Ao analisar a história do totalitarismo, Arendt percebe que os lideres totalitários contavam com o apoio da maioria do povo. Hitler foi eleito e assumiu o poder de forma democrática e Stálin ganhou apoio majoritário dentro do partido comunista soviético. Os seguidores desses líderes, mesmo que fossem considerados traidores, o que acontecia com frequência, continuavam fiéis até a morte. Os líderes totalitários tinham uma atração fatal, principalmente sobre a maioria da população que desprezava a política e os partidos políticos. Os movimentos totalitários sempre foram avessos à política tradicional.

Então, uma das condições necessárias para o surgimento do totalitarismo é a perda de confiança da população na representação partidária. Para a massa, os partidos políticos tradicionais são todos corruptos e enganadores. Somente algo novo, sem raízes com o sistema político vigente, pode despertar o interesse da massa.

Outra característica importante dos regimes totalitários é a despersonificação de todos os indivíduos. Desse modo, podemos distinguir o terror ditatorial do terror totalitário. Aquele ameaça os adversários políticos, este ameaça o próprio povo. O sistema totalitário requer o abandono dos laços culturais, familiares, religiosos, esportivos ou qualquer outro. Tudo deve ser desfeito. O indivíduo não pode estar ligado a mais nada além do regime totalitário. É necessário uniformizar as pessoas. Uniformidade totalmente homogênea é condição necessária para o totalitarismo. Arendt afirma que os regimes totalitários são organizações maciças de indivíduos atomizados e isolados.

O totalitarismo não obedece a um programa político objetivo e acabado. Não há um guia para seguir, além do líder máximo, que pode mudar de opinião a qualquer momento. O valor máximo no totalitarismo é a obediência, a lealdade. Tanto no nazismo como no stalinismo, a honra de uma pessoa era a sua própria lealdade ao regime. Essa lealdade é o amálgama que liga o povo ao seu líder. Sem o líder, o povo seria apenas uma massa amorfa. Sem o povo, o líder não seria nada. Líder e povo formam uma só coisa, a máquina de poder avassalador. E essa máquina teria poder suficiente para destruir as classes sociais e nivelar a todos. Não haveria mais elite e povo, mas somente povo.

Em todo regime totalitário, o líder máximo traz segurança àqueles que aderem a seu comando. Como em situação difícil, a maioria das pessoas se apega a uma tábua de salvação, assim, em momento de deriva, a nação se apega ao líder totalitário. Ele é o grande timoneiro, o grande guia para o futuro. Por isso os líderes totalitários não criam herdeiros políticos. Eles mexem continuamente nos principais postos do governo. Ninguém pode se consolidar e nem ser reconhecido pela sua capacidade. Para transmitir segurança para o povo, o líder deve gerar um ambiente de total insegurança entre os seus subordinados no governo.

O caminho do totalitarismo é perverso e brutal. Ele não acaba enquanto cada indivíduo não for reduzido ao nada. Ninguém pode ter afeto, carinho, direito, identidade, nada que seja individual. Quando condenado à prisão, sem qualquer julgamento, o indivíduo e seus familiares não sabem se ele vai voltar ou não. Se for assassinado na prisão, ninguém fica sabendo. No totalitarismo, as pessoas perdem até o direito de ser identificadas na morte. Ninguém pode viver como indivíduo. Ninguém pode morrer como indivíduo. O sucesso do totalitarismo requer a total e absoluta anulação do caráter individual das pessoas. Até o caráter moral é destruído. Nos campos de concentração nazistas, os soldados alemães exigiam que presos judeus ajudassem no extermínio de seus companheiros. Assim, o próprio prisioneiro torna-se cúmplice do assassinato.

O regime totalitário é o produto acabado de toda lógica autoritária. É a substituição da realidade por essa lógica, de tal forma que a mesma se torna uma nova realidade. O ser humano tem a tentação de não aceitar ser apenas mais um dentro do mundo, não aceita ser uma criatura, e quer ser o criador. Como não consegue fazer isso sozinho, muitas vezes põe essa esperança numa ideologia que, sob o desejo de justiça e igualdade, transforma todos os indivíduos em só indivíduo, o indivíduo da ideia. Esse indivíduo da ideia passa a viver num mundo justo e igual. Para alcançar justiça e igualdade, destrói-se a natureza humana e cria-se outra natureza.

Foi para mostrar à humanidade os princípios e os fins do totalitarismo, que Hannah Arendt escreveu *Origens do Totalitarismo*. Assim, conhecendo o caminho para o abismo, podemos evitá-lo. A loucura, muitas vezes é contagiosa. Ela nos alivia a carga da realidade prometendo o paraíso na terra. Oferece-nos soluções fáceis para problemas difíceis e nos apresenta uma lógica perfeita. Como dizia Chesterton, no livro *Ortodoxia*[22]: "O louco perde tudo, menos a razão".

Outro livro importante de Hannah Arendt, como já dissemos, é *Eichmann em Jerusalém*. Nesse livro, ela conta o julgamento de um funcionário nazista, responsável por organizar o transporte dos judeus aos campos de

---

22 *Ortodoxia*: G. K. Chesterton. Editora Ecclesiae. 2013.

concentração, e que foi capturado pelas forças de inteligência israelenses na Argentina, em 1960. Arendt assistiu a todo o julgamento realizado em Jerusalém em 1963 e chegou à conclusão de que o réu não tinha o perfil de um psicopata, de um monstro sanguinário. Ele se mostrava uma pessoa medíocre, um funcionário público limitado, que obedecia com rigor às ordens de seus superiores.

Muitos judeus ficaram horrorizados com a descrição de Hannah Arendt, que também tinha ascendência judaica. Eles diziam que ela estava querendo diminuir as responsabilidades de Eichmann, ou mesmo atenuar os horrores do holocausto. Ela, no entanto, afirmou que a constatação de que um homem comum pode servir de mecanismo a uma ação odiosa é muito mais grave do que se esse homem fosse igualmente perverso. Para ela, o mal tinha se tornado uma banalidade. No nazismo, as pessoas executavam as piores maldades de forma indiferente, como se estivessem realizando um trabalho comum. Nos regimes totalitários, muitos indivíduos perdem completamente seu senso moral. Já não se importam em distinguir o bem do mal. Por isso a autora acrescenta ao título de sua obra este subtítulo: "Um relato sobre a banalidade do mal".

As obras de Hannah Arendt tornaram-se muito importantes para entendermos a importância do pensamento liberal. Ao analisar regimes totalitários, ela mostrou que a perda da individualidade, da identidade pessoal, acaba levando, mais cedo ou mais tarde, a regimes cruéis e desumanos.

Passemos agora ao trabalho do principal discípulo de Mises, dentro da Escola Austríaca. Falamos de Friedrich von Hayek (1899-1992), economista e filósofo austríaco naturalizado britânico. Ele foi professor da famosa Escola de Economia e Ciência Política de Londres, entre 1931 e 1950, e da Universidade de Chicago, entre 1950 e 1962.

As obras mais famosas de Hayek foram *O caminho da servidão*[23], de 1944, *Individualismo e ordem econômica*[24], de 1948, *Direito, legislação e liberdade*[25], de 1973 a 1979, e *Os erros fatais do socialismo*[26], de 1988. Para nossos fins, é mais importante analisarmos o primeiro e o último desses livros, começando pelo último.

*Os erros fatais do socialismo* foi escrito quando Hayek já estava no fim de sua vida. É um livro que condensa seus principais ensinamentos. Logo no início do livro, o autor mostra que a ordem ampliada da cooperação humana, à qual muitos dão o nome de capitalismo, nasceu espontaneamente como fruto de uma seleção evolutiva baseada no sucesso dos grupos que a adotaram. Ao longo do tempo, verificou-se que "não há nenhum outro meio

---

23 *O caminho da servidão*: F. A. Hayek. Editora LVM. 2010.
24 *Individualism and economic Order*; F. A. Hayek. Editora Chicago University. 1996
25 *Direito, legislação elLiberdade*: F. A. Hayek. Editora Ver Curiosidades. 1985.
26 *Os erros fatais do socialismo*. F. A. Hayek. Editora Faro Editorial. 2017.

conhecido, além da distribuição de produtos em um mercado competitivo, de informar aos indivíduos a que direção seus vários esforços devem se dirigir, de modo a contribuir o máximo possível para o produto final".

Hayek afirma que não foi a mente humana que planejou a atual ordem ampliada do mercado, mas foi um longo processo de tentativa e erro que mostrou ao ser humano o que era mais vantajoso para ele. Muitas das regras que seguimos e que consideramos como corretas não vieram do instinto humano, mas de experimentação ao longo da história. Quem adotava essas regras progredia e quem não as adotava, desparecia. Assim, muito do que fazemos, de certa forma, até contraria nossos instintos. E a capacidade humana de escolher normas de conduta, que podem contrariar seus instintos, é a principal responsável por nos distinguir dos demais animais.

Mais adiante, Hayek mostra que "o desenvolvimento prévio da propriedade separada é indispensável para o desenvolvimento do comércio e, por consequência, para a formação de estruturas maiores coerentes e cooperativas e para o aparecimento daqueles sinais a que chamamos preços". Note que o autor utilizava o termo propriedade separada e não propriedade privada. Isso se deve a que ele considerava mais importante a separação e autonomia da propriedade do que se o dono é uma ou mais pessoas. O mais importante é a competição entre propriedades separadas. É a competição que gera os avanços. Ele completa: "A proteção à propriedade separada, não o controle do seu uso pelo governo, estabeleceu os fundamentos para o crescimento da densa rede de intercâmbio de serviços que moldou a ordem ampliada."

Após falar do surgimento da ordem ampliada e da propriedade separada, Hayek fala da evolução do comércio e do consequente processo de civilização. Para ele, o comércio entre povos é mais antigo do que o Estado. Foi o comércio que permitiu o desenvolvimento das comunidades, que depois acabaram formando os Estados. Isso pode ser verificado na área do Mar Mediterrâneo, desde os tempos dos gregos e dos romanos.

Hayek discorre também sobre o conceito de liberdade. Para ele, liberdade não consiste na ausência de restrições à ação individual. Consiste na obediência a regras gerais abstratas que definem até que ponto pode ir a liberdade individual, sem tolher a liberdade de todos e de cada um. Por isso "certas limitações à liberdade individual por meio de regras legais e morais tornam possível uma ordem maior e mais livre".

O dinheiro e o lucro, para Hayek, são fundamentais para o desenvolvimento da humanidade. Sobre isso, afirma: "O dinheiro é indispensável para ampliar a cooperação recíproca para além dos limites do entendimento humano" e a busca do lucro "é precisamente o que torna possível o uso mais eficiente dos recursos"; e conclui: "Os preços e o lucro são tudo de que a maioria dos produtores necessita para poder atender de modo mais efetivo às necessidades de pessoas que não conhecem."

No livro *O caminho da servidão*, a grande preocupação de Hayek era que a Inglaterra, sem perceber, estivesse caminhando para o socialismo. O livro foi escrito no período final da segunda Guerra Mundial, quando a Europa estava destruída e o liberalismo estava em baixa. Naquela época, os partidos de esquerda e centro-esquerda se fortaleciam ao defender maior presença do Estado na economia e a implantação de um Estado de bem-estar social. Como o inimigo a ser vencido era o nazismo e o fascismo de direita, por oposição, a população europeia via com bons olhos as propostas socialistas democráticas.

Hayek quis mostrar no livro que o abandono dos ideais liberais poderia levar a Inglaterra à bancarrota, tanto econômica como socialmente. Ele buscou esclarecer uma série de equívocos políticos que a sociedade havia incorporado, como, por exemplo, a palavra individualismo, assim como hoje, estava associada ao egoísmo e não à ideia de valorização e respeito ao indivíduo. A palavra liberdade já não tinha mais a conotação de liberdade política, de liberdade de expressão, que todos já consideravam como conquistadas, mas de liberdade econômico-financeira. Liberdade de ter uma vida saudável e confortável. A palavra socialismo tinha o sentido de apreço ao social, aos mais necessitados. Tudo isso estava levando a Inglaterra a abandonar o liberalismo.

Hayek mostrou que o socialismo democrático era irrealizável e, se os ingleses não tomassem cuidado, tenderiam à extinção da propriedade privada e a um sistema econômico planificado, verdadeiros fins do socialismo. Ele explicava: "Esse equívoco, na realidade, diz respeito ao próprio conceito de socialismo. Tal conceito pode significar simplesmente os ideais de justiça social, maior igualdade e segurança, que são os fins últimos do socialismo – e é muitas vezes usado nesse sentido. Mas significa também o método específico pelo qual a maior parte dos socialistas espera alcançar esses fins, e que para muitas pessoas inteligentes são os únicos métodos pelos quais esses fins podem ser plena e rapidamente alcançados. Nesse sentido, socialismo equivale à abolição da iniciativa privada e da propriedade privada dos meios de produção, e à criação de um sistema de 'economia planificada', no qual o empresário que trabalha visando ao lucro é substituído por um órgão central de planejamento."

Para melhorar a qualidade de vida da população, Hayek propunha o liberalismo econômico, que havia dado tantos frutos no século XIX e no início do século XX, antes das duas guerras mundiais. Para ele, somente a concorrência entre inúmeros produtores poderia tornar possível o acesso a produtos melhores e mais baratos, beneficiando a todos os consumidores. Ele explica isso no texto seguinte: "Em primeiro lugar, é necessário que os agentes, no mercado, tenham liberdade para vender e comprar a qualquer preço que encontre um interessado na transação, e que todos sejam livres para produzir, vender e comprar qualquer coisa que possa ser produzida ou vendida. E é essencial que o acesso às diferentes ocupações seja facultado a todos, e que a lei não tolere que indivíduos ou grupos tentem restringir esse acesso pelo uso aberto ou disfarçado da força. Qualquer tentativa de controlar os preços ou as quantidades desta ou daquela mercadoria impede que a concorrência promova uma efetiva coordenação dos esforços individuais, porque as alterações de preço deixarão assim de registrar todas as alterações importantes das condições de mercado e não mais fornecerão ao indivíduo a informação confiável pela qual possa orientar suas ações."

Hayek, ao propor a livre concorrência não menosprezava o papel do Estado para garantir essa própria livre concorrência e para suprir a sociedade de bens e serviços que a iniciativa privada não se interessa ou mesmo não pode realizar. Ao Estado, portanto, caberia: "Criar as condições em que a concorrência seja tão eficiente quanto possível, complementar-lhe a ação quando ela não o possa ser, fornecer os serviços que, nas palavras de Adam Smith, 'embora ofereçam as maiores vantagens para a sociedade, são contudo de tal natureza que o lucro jamais compensaria os gastos de qualquer indivíduo ou pequeno grupo de indivíduos', são as tarefas que oferecem na verdade um campo vasto e indisputável para a atividade estatal. Em nenhum sistema racionalmente defensável seria possível o Estado ficar sem qualquer função. Um sistema eficaz de concorrência necessita, como qualquer outro, de uma estrutura legal elaborada com inteligência e sempre aperfeiçoada. Mesmo os pré-requisitos mais essenciais ao seu funcionamento adequado, como a prevenção da fraude e do estelionato (inclusive a exploração da ignorância), constituem um vasto campo de atividade legislativa, que até hoje não foi dominado por completo."

Para gerenciar o Estado, Hayek defendia a escolha de governantes pelo sistema democrático. Para ele, a democracia, embora seja falível, ainda seria o melhor instrumento para salvaguardar a paz interna e a liberdade individual. Assim, "Segundo as regras do jogo conhecidas, o indivíduo é livre para perseguir suas metas e desejos pessoais, tendo a certeza de que os poderes do governo não serão empregados no propósito deliberado de fazer malograr os seus esforços" e "Se a democracia é um meio para preservar a liberdade, então a liberdade individual é não menos uma condição essencial para o funcionamento da democracia".

Para finalizar a análise sobre o trabalho de Friedrich Hayek, colocamos abaixo, algumas de suas considerações:

"Para proporcionar resultados iguais para pessoas diferentes, é necessário tratá-las de maneira diferente. Dar a diferentes pessoas as mesmas oportunidades objetivas não equivale a proporcionar-lhes a mesma oportunidade subjetiva. É inegável que o estado de Direito produz desigualdade econômica – tudo que se pode afirmar em seu favor é que essa desigualdade não é criada intencionalmente com o objetivo de atingir este ou aquele indivíduo de modo particular."

"Pode-se mesmo afirmar que, para o estado de Direito ser uma realidade, a existência de normas aplicadas sem exceções é mais relevante do que o seu conteúdo. Muitas vezes, o conteúdo da norma tem na verdade pouca importância, contanto que ela seja universalmente aplicada. Não faz diferença se todos os automóveis circulam pelo lado direito ou pelo lado esquerdo das ruas, contanto que todos o façam do mesmo lado. O importante é que a norma nos permita prever com exatidão o comportamento dos outros indivíduos, e isso exige que ela se aplique a todos os casos – mesmo que numa circunstância particular, ela seja considerada injusta."

"Está claro que todo o Estado tem de agir, e toda ação do Estado implica intervir nisto ou naquilo. Mas não é isso que vem ao caso. O importante é saber se o indivíduo pode prever a ação do Estado e utilizar esse conhecimento como um dado na elaboração de seus planos particulares."

"O poder exercido sobre mim por um multimilionário, que pode ser meu vizinho e talvez meu patrão, é muito menor que o do mais insignificante funcionário que exerce o poder coercitivo do Estado e decide em que condições poderei viver ou trabalhar. E quem negará que um mundo em que os ricos são poderosos ainda é preferível àquele em que só os poderosos podem adquirir riquezas?"

"Embora possa constituir um instrumento de coerção, o chamado poder econômico nunca se torna, nas mãos de particulares, um poder exclusivo ou completo, jamais se converte em poder sobre todos os aspectos da vida de outrem. No entanto, centralizado como instrumento do poder político, cria um grau de dependência que mal se distingue da escravidão."

"Não há outra alternativa: ou a ordem estabelecida pela disciplina impessoal do mercado, ou a ordem comandada pelo arbítrio de alguns indivíduos; e aqueles que se empenham em destruir a primeira estão ajudando, consciente ou inconscientemente, a criar a segunda."

Na mesma escola de economia da Universidade de Chicago, onde Hayek trabalhou por mais de 10 anos, o sucedeu o economista americano Milton Friedman (1912-2006), que ficou conhecido pela sua teoria monetarista. Para ele, existe na economia de um país uma taxa natural de desemprego. Se o governo buscar expandir o volume de dinheiro em circulação, via emissão ou redução de taxa de juros, para aquecer a economia e reduzir o desemprego abaixo desse patamar natural, trará como consequência o aumento da inflação e a redução do poder de compra dos consumidores. O controle da base monetária é, portanto, uma das principais condições para o crescimento econômico sustentado.

Como contribuição ao pensamento liberal, Friedman desenvolveu a tese da indivisibilidade da liberdade, ou seja, sem liberdade econômica não é possível alcançar a liberdade civil, política e social. A liberdade econômica é uma condição necessária para a liberdade global.

Friedman, embora muito criticado pela esquerda latino-americana e europeia, pelo seu trabalho como assessor informal dos governos Thatcher, na Inglaterra, e Reagan, nos Estados Unidos, fez propostas consideradas avançadas, inclusive entre os liberais, como a liberalização das drogas ilícitas e a implantação de um imposto de renda negativo para todos os que se encontravam abaixo da linha da pobreza.

Dando sequência aos pensadores liberais do século XX, chegamos ao letão, naturalizado inglês, Isaiah Berlin (1909-1997). Berlin nasceu em Riga, atual capital da Letônia. Em 1921, sua família mudou-se para a Inglaterra, a fim de escapar do comunismo na Rússia. Ele foi professor na Universidade de Oxford e presidente da Academia Britânica. Avesso à escrita, Berlin publicou poucas obras. A grande maioria delas veio de registros de suas aulas, palestras e conferências.

A principal contribuição de Berlin para a filosofia e a moral foi a discussão em torno do significado da palavra liberdade. Significado até hoje controverso e de difícil consenso. Berlin cunhou os conceitos de liberdade positiva e de liberdade negativa, que influenciaram profundamente a ciência política.

Liberdade positiva diz respeito ao poder do indivíduo, às suas condições para realizar o que deseja. Dessa forma, liberdade positiva pode ser descrita como "estar livre para". Liberdade negativa significa a não interferência de outros na liberdade de ação do indivíduo, ou seja, "estar livre de".

Berlin descreve a liberdade negativa da seguinte forma: "A liberdade política neste sentido é simplesmente a área na qual um homem pode agir sem ser obstruído por outros. Se outros me impedem de fazer o que do contrário eu poderia fazer, não sou nessa medida livre; e, se essa área é restringida por outros homens além de certo valor mínimo, posso ser descrito como coagido ou, talvez, escravizado. A coerção implica a interferência deliberada de outros seres humanos na minha área de atuação. Só não temos liberdade política quando outros indivíduos nos impedem de alcançar uma meta."

Como a liberdade de um pode interferir na liberdade de outro, há a necessidade de um consenso a respeito do mínimo de liberdade pessoal que não pode ser violada de modo algum; daquilo que o indivíduo não pode abrir mão, sem destruir a essência de sua natureza humana. Para garantir essa fronteira, delega-se ao Estado a função de julgar e condenar quem a ultrapasse.

Quanto ao sentido de liberdade positiva, Berlin o considera provindo "do desejo que o indivíduo nutre de ser seu próprio senhor. Desejo que minha vida e que minhas decisões dependam de mim mesmo, e não de forças externas de qualquer tipo (...) Desejo de ser consciente de mim mesmo como alguém que age, tem vontade e pensa, responsável por minhas escolhas e capaz de explicá-las a partir de minhas ideias e meus propósitos. Sinto-me livre na medida em que acredito que isso seja verdade, e escravizado na medida em que sou convencido do contrário".

Berlin afirmava que os dois conceitos de liberdade, positivo e negativo, ao longo do tempo acabaram entrando em confronto. Ele explica que a própria natureza humana tem seu lado fraco e seu lado forte. O indivíduo tem desejos e vontades nobres, mas também tem debilidades, vícios que podem escravizá-lo. Dessa forma, o lado bom tem que vencer o lado mau para que a pessoa possa ser verdadeiramente livre e não escrava de suas paixões. Como essa constatação pode ser estendida ao conjunto da sociedade, então alguns homens que se consideram mais sábios e nobres podem impor sua sabedoria àqueles que são ignorantes e débeis. É aí então que pode se estabelecer o autoritarismo.

Desse modo, Berlin passa a defender a liberdade negativa e criticar a liberdade positiva. Ele afirmou: "A liberdade de uma sociedade, uma classe ou um grupo, é medida pela força das barreiras que impeçam a imposição das vontades de um homem sobre o outro" e "Os que defendem a liberdade negativa querem limitar o poder do soberano, os que defendem a liberdade positiva querem tomar para si esse poder."

No campo da sociologia, há vários pensadores que podem ser considerados como liberais. O caso mais eminente é o do sociólogo liberal-conservador francês Raymond Aron (1905-1983), que ressaltou a importância da ideologia política na formação da sociedade. Aron sempre foi um ferrenho defensor da democracia e do fortalecimento das instituições democráticas. Ele via que o processo eleitoral universal não era suficiente para garantir a liberdade dos cidadãos. Mesmo democraticamente eleito, um governo pode atuar de forma despótica. E, muitas vezes, a perda de capacidade de resposta do sistema democrático às demandas da população leva a mesma a apoiar um governo autoritário.

Falando sobre o desenvolvimento do fascismo na Europa, Aron, no livro *O ópio dos intelectuais*[27], diz: "O forte atrativo dos partidos que se declaram totalitários se afirma, ou pode se afirmar, toda vez que uma conjuntura grave deixa surgir um desequilíbrio entre a capacidade dos regimes representativos e as necessidades do governo de sociedades industriais de massa. A tentação para o

---

27 *O ópio dos intelectuais:* Raymond Aron. Editora Três Estrelas. 2016.

sacrifício das liberdades políticas em nome do vigor da ação não morreu com Hitler e Mussolini."

Aron mostra também as semelhanças entre os governos fascistas e socialistas, de modo que não faria sentido classificá-los como ideologicamente opostos (extrema direita e extrema esquerda). Assim, ele afirma: "A confusão entre partido e Estado, o entrave das organizações independentes, a transformação de uma doutrina partidária em ortodoxia nacional, a violência das ações e o poder desmedido da polícia, não fazem o regime hitlerista se parecer bem mais com o regime bolchevique? (...) Direita e esquerda ou pseudodireita fascista e pseudoesquerda comunista, não se encontram no totalitarismo?"

Para evitar que um país democrata caia na armadilha autoritária, seria necessário desenvolver mecanismos que unam conservação com mudanças. O sistema democrático, segundo Aron, precisa absorver as mudanças sociais advindas da dinâmica econômica de forma a refrear o ímpeto revolucionário daqueles que se sentem prejudicados no processo. O descontentamento de parte importante dos cidadãos é o caminho mais curto para a ruptura democrática. Vejamos sua conclusão: "A tomada e o exercício do poder pela violência supõem conflitos que a negociação e o compromisso não conseguem resolver, ou seja, são o fracasso dos procedimentos democráticos. Revolução e democracia são noções contraditórias."

Como bom exemplo de estrutura democrática resiliente, Aron cita o caso da Inglaterra, que "importou o essencial das revoluções europeias sem derramamento de sangue e sem sacrificar o que conquistou nos séculos passados" e conclui: "Os regimes que, como o da Grã-Bretanha ou o dos Estados Unidos, sobreviveram à aceleração da história, manifestaram a suprema virtude, feita simultaneamente de constância e flexibilidade. Salvaram a tradição ao renová-la."

Em suma, o grande trabalho de Raymond Aron foi alertar sobre as ameaças à democracia num mundo capitalista extremamente dinâmico, onde a todo momento ocorrem mudanças que favorecem a uns e prejudicam a outros. Para ele, somente o pensamento liberal é capaz de absorver os choques da dinâmica capitalista. Aron dizia que "O liberal é humilde. Reconhece que o mundo e a vida são complicados. A única coisa de que tem certeza é que a incerteza requer a liberdade para que a verdade seja descoberta por um processo de concorrência e debate que não tem fim. O socialista, por sua vez, acha que a vida e o mundo são facilmente compreensíveis; sabe de tudo e quer impor a estreiteza de sua experiência – ou seja, sua ignorância e arrogância – aos seus concidadãos."

Por volta dos anos 1970, ganhou corpo dentro do liberalismo o pensamento neocontratualista. John Rawls (1921-2002) e Robert Nozick (1938-2002) foram os principais expoentes desta nova escola liberal, que buscava estabelecer um sistema de justiça como base para a sociedade moderna.

John Rawls, americano, professor de filosofia política da Universidade de Harvard, foi autor do famoso livro *Uma teoria de justiça*[28], publicado em 1971. Nesse livro, Rawls parte de uma situação hipotética, em que os indivíduos deveriam escolher um modelo de justiça a ser implantado na sociedade, sem saber nada sobre suas condições perante os demais, sem saber que sexo, cor, religião, poder aquisitivo, inteligência, vigor físico e qualquer outras particularidades ele teria. Assim, esse indivíduo vai escolher um sistema que garanta sua liberdade e equidade, uma vez que ele pode estar em desvantagem perante os demais. Vai escolher um sistema que lhe permita viver decentemente, mesmo estando naturalmente na pior situação. Então esse mesmo sistema é que deve ser estabelecido na sociedade real. Um sistema que não prejudique ninguém.

O exercício proposto por Rawls tem o mérito de levar o indivíduo a pensar coletivamente. Mesmo pensando em si mesmo, temendo o pior, cada um tenderia a pensar numa sociedade com maior grau de liberdade e justiça. Tal base legal não eliminaria as desigualdades entre as pessoas, não eliminaria a competição, mas impediria suas consequências injustas.

Também da Universidade de Harvard, o filósofo americano Robert Nozick era um liberal radical, no sen-

---

[28] *Uma teoria de justiça:* John Rawls. Editora Martins Fontes. 2016.

tido de que não admitia que as funções do Estado fossem além da garantia da segurança do indivíduo, do seu direito de propriedade e da proteção dos contratos. Qualquer outra função seria ilegítima, uma vez que invadiria a sacrossanta esfera individual. Para definir essas funções estatais, Nozick parte do contrato social exposto por Locke.

Ao defender o Estado Mínimo, Nozick contraria os anarquistas, que não querem Estado nenhum, afirmando que o Estado defendido por ele garante a liberdade individual, e contraria também os iliberais, que querem um Estado máximo, afirmando que um bom Estado não precisa ferir as liberdades individuais.

No seu livro *Anarquia, Estado e Utopia*[29], Nozick afirma que o Estado não pode obrigar alguém a ajudar o próximo e nem retirar recursos de um para dar a outro. Essas ações só podem ser feitas voluntariamente. Afirma também que qualquer diferença de patrimônio entre as pessoas é legítima, desde que não tenha sido alcançada por meios não legítimos. O que é ilegítimo é a exigência de distribuição igualitária de riqueza.

Para finalizar este capítulo, vejamos uma entrevista publicada em junto de 1994 pelo *Centro de Estudios Economicos-Sociales*[30], da Guatemala, com o escritor e jornalista cubano, exilado nos Estados Unidos, Carlos Alberto

---

29 *Anarquia, Estado e Utopia:* Robert Nozick. Editora WMF Martins Fontes. 2011.

30 http://www.biblioteca.cees.org.gt/topicos/web/topic-794.html

Montaner, que explica muito bem o pensamento liberal contemporâneo. Reproduzimos abaixo parte da entrevista, com tradução livre deste autor.

## Em que se baseia o liberalismo?

O liberalismo se baseia em quatro simples premissas básicas:

Os liberais creem que o Estado foi concebido para o indivíduo e não o contrário. Eles valorizam o exercício da liberdade individual como algo intrinsecamente bom e como condição insubstituível para se alcançar os maiores níveis de progresso. Dentre essas liberdades, a liberdade de possuir bens (o direito à propriedade privada) lhes parece fundamental, pois sem ela o indivíduo estará à mercê do Estado.

Naturalmente, os liberais também creem na responsabilidade individual. Não pode haver liberdade sem responsabilidade. Os indivíduos devem ser responsáveis pelos seus atos, e devem levar em conta as consequências de suas decisões e o direito dos demais.

Para regular os direitos e deveres do indivíduo em relação aos demais, os liberais defendem uma existência do estado de Direito, isto é, creem numa sociedade regulada por leis naturais que não permita privilégios.

Os liberais também creem que a sociedade deve controlar estreitamente as atividades dos governos e o funcionamento das instituições do Estado.

## O liberalismo é uma ideologia?

Não, os liberais têm certas ideias vindas da experiência sobre como e porque alguns povos alcançaram maior grau de eficiência e desenvolvimento, ou maior harmonia social, mas a essência desse modo de entender a política e a economia se baseia em não assinalar de antemão o caminho da sociedade, mas em liberar as forças criativas dos grupos e indivíduos para que estes decidam espontaneamente o curso da história. Os liberais não têm um plano para projetar o destino da sociedade. Inclusive, lhes parece muito perigoso que outros tenham esses planos e se arroguem o direito de decidir o caminho que todos devem seguir.

## Quais são os princípios econômicos dos liberais?

O principal é aquele que defende o livre mercado em lugar do planejamento estatal. Desde a década de 1920, o pensador austríaco Ludwig von Mises demonstrou como, nas sociedades complexas, não seria possível planejar o desenvolvimento de forma centralizada, pois dessa forma não é possível fazer o cálculo econômico. Ele assinalou com precisão (em oposição às correntes socialistas e populistas da época) que qualquer tentativa de fixar a quantidade de bens e serviços que devem ser produzidos, assim como seus preços, conduziria ao desabastecimento e à pobreza.

Mises demonstrou que o mercado (a livre concorrência das atividades econômicas de milhões de pessoas que tomam constantemente milhões de decisões orientadas para a satisfação, da melhor maneira possível, de suas necessidades) gera uma ordem natural espontânea infinitamente mais harmoniosa e criadora de riquezas que a ordem artificial daqueles que pretendem planificar e dirigir a atividade econômica. Daí se conclui que os liberais, em linhas gerais, não creem em controles de preços e salários, nem nos subsídios que privilegiam uma atividade econômica em detrimento de outra.

## O mercado livre não conduz alguns à pobreza em benefício de outros?

Ao contrário. Quando as pessoas, atuando dentro das regras do jogo, buscam seu próprio bem-estar, costumam beneficiar todo o conjunto. Outro grande pensador liberal, Joseph Schumpeter, também da escola austríaca, demonstrou que não há estímulo mais enérgico para a economia do que a atividade incessante dos empresários e industriais que seguem seus impulsos psicológicos e emocionais. Os benefícios coletivos derivados do interesse pessoal são muito superiores às diferenças no grau de acumulação de riquezas entre os distintos membros de uma sociedade. Mas talvez, quem melhor resumiu essa condição foi um dos líderes chineses da era pós-maoísta, quando reconheceu, melancolicamente, que "para evitar que uns quantos chineses andassem de Rolls Royce, condenaríamos centenas de milhares a se deslocar de bicicleta para sempre".

## Se o papel do Estado não é planificar a economia e nem buscar uma sociedade igualitária, então, segundo os liberais, qual seria a sua função?

Em essência, a função principal do Estado deve ser a manutenção da ordem e da garantia do cumprimento das leis. A igualdade que os liberais buscam não é a igualdade utópica de que todos obtenham os mesmos resultados, mas a de que todos tenham as mesmas possibilidades de lutar para obter os melhores resultados. E, nesse sentido, uma boa educação e uma boa saúde devem ser os pontos de partida para se poder ascender a uma vida melhor.

## Como deve ser o Estado proposto pelos liberais?

Assim como os liberais têm ideias sobre a economia, eles as têm sobre a organização do Estado. Os liberais são inequivocamente democratas e creem no governo da maioria, dentro de um marco jurídico que respeite os direitos inalienáveis das minorias. Essa democracia deve ser multipartidária e deve estar organizada de acordo com o princípio da divisão dos poderes.

Ainda que não seja uma condição indispensável, os liberais preferem o sistema parlamentarista de governo, porque costuma refletir melhor a variedade da sociedade e é mais flexível para gerar mudanças de governos quando houver mudanças na opinião pública.

Por outro lado, o liberalismo contemporâneo conta com profundas reflexões sobre como devem ser as Constituições. O prêmio Nobel de economia, Friedrich von Hayek, é autor de esclarecedores trabalhos sobre esse tema. Mais recentemente, o também prêmio Nobel de economia, Ronald Coase, acrescentou valiosos estudos que explicam a relação entre a lei, a propriedade intelectual e o desenvolvimento econômico.

## Essa é a ideia sucinta de Estado, mas o que os liberais pensam sobre aqueles que vão governar?

Os liberais creem que o governo deve ser reduzido, porque a experiência lhes ensinou que as burocracias estatais tendem a crescer parasitariamente, ou costumam abusar dos poderes que lhes são conferidos e desperdiçam os recursos da sociedade.

O fato, porém, de que um governo seja reduzido não quer dizer que deva ser débil. Deve ser forte para fazer cumprir a lei, para manter a paz e a concórdia entre os cidadãos, para proteger a nação de ameaças externas.

Um governo com essas características não estaria abdicando da função de redistribuir a riqueza, acabar com as injustiças e de ser motor da economia?

Os liberais pensam que, na prática, os governos, infelizmente, não costumam representar os interesses de toda a sociedade, mas que costumam privilegiar aos eleitores que votaram neles ou a determinados grupos de pressão. Os liberais, de certa forma, suspeitam das intenções da classe política e não criam ilusões quanto à eficiência dos governos. Por isso o liberalismo deve se colocar sempre como um permanente questionador das tarefas dos servidores públicos, e por isso não pode evitar de ver com grande ceticismo essa função de redistribuidor de recursos, equiparador de injustiças ou motor da economia que alguns atribuem ao governo.

Isso quer dizer que os liberais não atribuem ao governo a responsabilidade de implantação da justiça social?

Isso quer dizer que os liberais preferem que essa busca seja atribuição da sociedade civil e se canalize por vias privadas e não por meio de governos perdulários e incompetentes, que não sofrem as consequências da frequente irresponsabilidade dos burocratas ou dos políticos menos cuidadosos.

# 5 O LIBERALISMO NO BRASIL

Um dos principais acontecimentos que influenciaram o pensamento liberal brasileiro foi a independência dos Estados Unidos, em 1776. Foi através da obra *Revolução na América*, do Abade Raynal[31], que a jovem elite intelectual brasileira entrou em contato com as ideias que serviram de base para o processo de independência dos Estados Unidos. Raynal era um liberal convicto, que defendia a natureza humana, considerando as diferenças individuais e a autonomia de cada um.

O mais significativo movimento político que incorporou o ideário liberal no Brasil, na época do Império, foi a Inconfidência Mineira (1789). Naquele momento, Vila Rica, atual Ouro Preto, havia se tornado capital de Minas Gerais e uma das mais importantes cidades das Américas. Vários estudantes, filhos de famílias ricas, foram estudar em Portugal, na Universidade de Coimbra. Quando voltaram, trouxeram consigo o conhecimento adquirido do

---

31 *Revolução na América:* Abade Raynal. Editora Arquivo Nacional. 1993.

liberalismo inglês e da Revolução americana. Eles, junto com a elite econômica da região, queriam que Minas Gerais se tornasse um país independente de Portugal.

Os principais líderes da Inconfidência Mineira foram os poetas Tomás Antonio Gonzaga, Claudio Manuel da Costa e o alferes Joaquim José da Silva Xavier, o Tiradentes. Mesmo contando com apoio da elite local, o movimento foi debelado pelas forças portuguesas e Tiradentes, como exemplo, foi esquartejado. A independência do Brasil só viria a ocorrer mais de 30 anos depois.

Já nos primeiros anos do Brasil independente, surgiu em Pernambuco um movimento de claro matiz liberal, a Confederação do Equador, liderada por Frei Caneca (1774-1825). Este defendia a total autonomia de todos os estados da nação. Cada um poderia definir seu modelo político e econômico. E a união entre eles formaria uma Confederação, em vez da Federação adotada pela República. Em 1825, o movimento foi derrotado e Frei Caneca fuzilado.

Independente do fracasso dos movimentos políticos liberais, ganharam repercussão os pensamentos de vários promotores do liberalismo no Brasil. Falamos principalmente de Hipólito da Costa (1774-1823) e Silvestre Pinheiro Ferreira (1769-1846). Hipólito da Costa foi editor do jornal Correio Brasiliense, de 1808 até 1822, ano da Independência. O jornal tinha as características de uma revista, onde eram publicadas e comentadas as principais obras dos pensadores europeus da época. A título de exemplo, comentando sobre as transformações políticas na Europa, Hipólito escreve: "A história da Revolução Francesa, a causa da aniquilação do poder de Bonaparte, os meios por que os governos de Alemanha recobraram a sua independência, tudo tende a mostrar que há na Europa um indomável espírito de liberdade individual, que não admite reconciliar-se com o despotismo, por mais brando que ele seja, por mais que se exorne com o esplendor de vitórias, e por mais que se disfarce com as aparências de formas legais" (Junho de 1821)[32].

Como proposta para o governo português, cuja Corte havia se instalado no Rio de Janeiro em 1808, o Correio Brasiliense indicava, segundo Antonio Paim, "um programa minucioso, que compreendia desde a criação de uma Universidade e o aprimoramento do sistema escolar até o estabelecimento da mais ampla liberdade de imprensa. Sua reforma compreendia a organização de Judiciário independente e o abandono da prática odiosa de delegar a justiça ao arbítrio policial. Em matéria de organização econômica, propugnava a abolição da escravatura, melhoramentos técnicos na agricultura e fomento de manufaturas".

Com a Independência, Hipólito entrou na carreira diplomática e foi designado Cônsul Geral na Inglater-

---

32 Texto retirado do livro História do Liberalismo brasileiro: Antonio Paim. Editora LVM. 2018.

ra, mas ele faleceu precocemente, aos 49 anos de idade, sem ter assumido o cargo. O seu pensamento influenciou diversos pensadores liberais brasileiros, como Silvestre Pinheiro Ferreira.

Silvestre, nascido e criado em Portugal, teve que deixar seu país aos 30 anos de idade, após ser perseguido devido a suas ideias consideradas revolucionárias para a época. Permaneceu cinco anos na Holanda e mais oito anos na Alemanha quando, em 1810, veio para o Brasil, onde ganhou a confiança de D. João VI, que o nomeou chefe de seu governo, em 1821. No período em que ficou no cargo, Silvestre preparou a transição do modelo de monarquia absolutista para a monarquia constitucional, que viria a ser implantada no Brasil depois da Independência.

Para Silvestre a representação política é sempre uma representação de interesses. Então os direitos e deveres do representante devem ser sempre pensados nesses termos. O representante não representa a pessoa do representado, mas sim os seus interesses. A obra de Silvestre serviu de base para o longo período de reinado de D. Pedro II, período da mais longa estabilidade política da história do Brasil.

Amigo próximo de Silvestre, José da Silva Lisboa, conhecido como Visconde de Cairu (1756-1835), foi um político e economista brasileiro que exerceu forte influência durante o reinado de D. João VI e nos primeiros anos do

Brasil independente. Cairu foi um dos artífices do projeto de abertura dos portos, quando a família real veio para o Brasil e também da implantação da indústria manufatureira em nosso país.

Em 1804, Cairu publicou seu principal livro, intitulado *Princípios da economia política*, baseado no trabalho de Adam Smith. Sobre o pensamento de Cairu, a obra *Portugal como problema*[33] diz: "Nos seus diversos livros e panfletos, recorre abundantemente a uma concepção de economia política fiel aos ensinamentos de Smith e assente num conjunto coerente de ideias e princípios fundamentais. Nomeadamente, a ideia de progresso e de busca incessante da prosperidade e da felicidade social, da qual faz parte integrante a educação, a instrução pública, a produção e a divulgação do conhecimento científico e dos resultados da inteligência humana. Também presente a ideia de que o Estado deve assegurar uma proteção ao bem comum, sem interferência excessiva nos assuntos particulares e com o permanente cuidado de não utilizar de forma abusiva os recursos gerados pela sociedade civil. Daqui decorre outro princípio, o da valorização da concorrência entre agentes econômicos como condição essencial do bom funcionamento da economia nacional, a par da defesa intransigente da liberdade de trabalho e de iniciativa individual."

---

[33] *Portugal como problema*: Fundação Luso-Americana e Público, Comunicação Social S/A.

Logo após a proclamação da República, havia três grupos de influência no governo. Os liberais, os positivistas e os militares. A principal figura entre os liberais foi o jurista e político baiano Ruy Barbosa (1849-1923), que tivera participação ativa no movimento republicano e abolicionista. Logo aos 41 anos de idade, ele integra como ministro o governo do presidente Deodoro da Fonseca e monta toda a base legal institucional para o novo regime republicano. Barbosa foi também membro da Academia Brasileira de Letras, que presidiu entre 1908 e 1919, e delegado brasileiro na Conferência de Paz, em Haia, Holanda. De sua brilhante participação nessa conferência, ele herdou a alcunha de Águia de Haia.

Como ministro, não demoraria muito para que Rui Barbosa se opusesse à hegemonia militar que dominava os primeiros governos da República. Afastado, continua na ativa e organiza o movimento civilista, que teve grande influência na época. Ele também foi candidato derrotado à presidência da república por três vezes, 1894, 1910 e 1919. Em 1905 e 1914, também queria ser candidato, mas desistiu antes do pleito.

Em relação ao pensamento liberal, Ruy Barbosa afirmava que: "Tudo o que se assenta no trabalho, é útil. Por isso a riqueza, por isso o capital, que emanam do trabalho, são, como ele, providenciais, como ele necessários, benfazejos como ele. Mas já que do capital e da riqueza é manancial o trabalho, ao trabalho cabe a primazia incontestável sobre a riqueza e o capital." E ainda: "O operário tem todos os direitos de cidadão, todos os direitos individuais, todos os direitos civis e, dotado, como os demais brasileiros, de todas as garantias constitucionais, não se queixa senão de que às relações peculiares do trabalho com o capital não corresponda um sistema de leis mais equitativas, a cuja sombra o capital não tenha meios de abusar do trabalho."[34]

Da Bahia, passemos para o Rio Grande do Sul. Nove anos mais novo que Ruy Barbosa, despontou no sul do país um pensador liberal que teve participação ativa na política gaúcha. Joaquim Francisco de Assis Brasil (1857-1938) formou-se pela Faculdade de Direito de São Paulo e atuou durante um período no serviço diplomático. Para fazer frente ao castilhismo, grupo político liderado por Júlio de Castilhos e Borges de Medeiros, Assis Brasil participa da fundação do Partido Republicano Democrático. O novo partido tinha como missão defender o caráter liberal da República contra o autoritarismo caudilhesco do castilhismo. Em 1922, Assis Brasil se candidata à eleição de governador e perde para Borges de Medeiros. Embora não tenha obtido sucesso na política, seu pensamento influenciou o movimento que viria a fazer oposição ao autoritarismo de Getúlio Vargas.

Importante nesse movimento de reação ao autorita-

---

34 *Escritos e discursos seletos*, organização de Virgínia Cortes de Lacerda, Rio de Janeiro, Aguilar, 1960, 1133 p.

rismo crescente da época foi a atuação de João Arruda (1861-1943), que previu a onda autoritária que viria a varrer a política brasileira. A crise econômica de 1929 e a Revolução de 1930 trouxeram o fim da República Velha e o início da era Vargas. Por cerca de 15 anos, o liberalismo iria hibernar no mundo todo, inclusive nos Estados Unidos.

A ascensão de Getúlio Vargas (1882-1954) à presidência da república em 1930 representou uma mudança radical. O governo central passou a comandar toda a agenda econômica e social do país. Por meio de um autoritarismo modernizador, o governo federal institui uma série de mudanças que coloca o Brasil finalmente no século XX. Investimento em indústria de base, criação de diversos Ministérios, reformas trabalhistas e educacionais, mudanças no código eleitoral, dentre outras ações, serviram para modernizar o Brasil, mas ao mesmo tempo enfraquecer as liberdades individuais e as democráticas.

Somente depois do término da segunda Guerra Mundial, surgiu espaço para o retorno do pensamento liberal no Brasil. O principal nome que geriu essa retomada foi o de Armando de Salles Oliveira (1887-1945). Embora tenha falecido no final da Guerra, Salles Oliveira pavimentou o caminho para que o liberalismo não desaparecesse de nossas terras. Engenheiro de formação, ele foi interventor em São Paulo logo após a Revolução Constitucionalista de 1932, nomeado por Getúlio Vargas, que reconheceu a força política do estado paulista. Em 1934 colaborou com a fundação da Universidade de São Paulo, cujo campus leva o seu nome. Após o golpe do Estado Novo de 1937, Armando se exilou na França, Estados Unidos e Argentina, retornando ao Brasil em 1945, poucos meses antes de sua morte.

No livro *Jornada democrática*[35] que reúne seus principais discursos políticos, Armando de Salles Oliveira, expõe sua defesa das liberdades democráticas, ameaçadas tanto pela direita como pela esquerda. Ele diz: "Louvei as formas tradicionais da civilização brasileira. Estamos impregnados do sentimento nacional, que oporemos às investidas marxistas da frente internacional. Mas estamos também impregnados do sentimento democrático, que oporemos, com o mesmo vigor, às tentativas de assalto dirigidas pela direita."

Com o fim da segunda Guerra Mundial, o processo democrático volta ao país. Em 1946, uma nova Constituição é promulgada. A Carta Magna tinha um claro traço liberal com ênfase nos problemas sociais. Na política, no entanto, a influência de Getúlio Vargas continuava muito forte, a ponto de que o próprio retornaria à presidência, vencendo o pleito de 1950. O segundo governo Vargas foi bem menos autoritário, permitindo inclusive a ascensão de lideranças liberais como a do governador Carlos Lacerda (1914-1977).

---

[35] *Jornadas democráticas*. Armando de Salles Oliveira, Editora José Olympio, 1937.

Em 1955, Juscelino Kubitschek vence as eleições presidenciais com uma plataforma desenvolvimentista, alheia aos fundamentos liberais. A modernização da economia brasileira continuava sendo implantada pelo Estado, que assumia o papel de condutor dos destinos do país. Em 1960, Jânio Quadros é eleito presidente, mas renuncia de seu mandato após sete meses de governo. Daí até o golpe militar de 1964, o país passa por um período de grandes turbulências.

No primeiro governo militar, sob o comando do presidente Castello Branco, uma série de reformas foi feita. Para comandar as reformas na área econômica, o presidente escolhe como Ministro do Planejamento o economista Roberto de Oliveira Campos, que junto com seu colega Otávio Gouveia de Bulhões, no Ministério da Fazenda, realiza uma completa reestruturação do sistema financeiro brasileiro, com a criação do Banco Central, do FGTS, do BNH, da ORTN e da reforma tributária.

Roberto Campos (1917-2001) foi uma das figuras mais importantes da história do liberalismo no Brasil. Por décadas, ele lutou praticamente sozinho pela defesa dos ideais liberais. Fortemente influenciado pelo pensamento de Hayek, Campos, após sair do governo em 1967, passou a contestar o aumento da participação do Estado na economia promovido pelos presidentes militares que sucederam a Castello Branco. Em seu livro *A lanterna na popa*[36], Campos relata suas passagens pelo governo e toda sua trajetória intelectual. Do livro, escolhemos dois pequenos trechos que refletem bem o pensamento deste pensador liberal.

Sobre o bem-estar material e a liberdade, ele dizia: "Somente através do mercado se alcança a opulência, enquanto que, para a preservação da liberdade, o instrumento fundamental é a democracia. Ambos, opulência e liberdade são valores desejáveis. O mercado pode gerar opulência sem democracia, e a democracia, sem o mercado, pode degenerar em pobreza. Conciliar o mercado, que é o voto econômico, com a democracia, que é o voto público, eis a grande tarefa da era pós-coletivista - o século XXI."

Sobre sua própria trajetória afirmava: "Em nenhum momento consegui a grandeza. Em todos os momentos procurei escapar da mediocridade. Fui um pouco um apóstolo, sem a coragem de ser mártir. Lutei contra as marés do nacional-populismo, antecipando o refluxo da onda. Às vezes ousei profetizar, não por ver mais que os outros, mas por ver antes. Por muito tempo, ao defender o liberalismo econômico, fui considerado um herege imprudente. Os acontecimentos mundiais, na visão de alguns, me promoveram a profeta responsável."

De Roberto Campos passemos para Meira Penna.

---

36 *A lanterna na popa*: Roberto Campos. Editora Topbooks, 2001.

José Osvaldo de Meira Penna (1917-2017) foi um dos maiores diplomatas brasileiros e contribui muito para a difusão do pensamento liberal, sobretudo após sua aposentadoria do Itamaraty em 1981. Seus principais livros foram *Psicologia do subdesenvolvimento*[37] (1972), *Em berço esplêndido*[38] (1974), *O Brasil na idade da razão*[39] (1980) e *O dinossauro*[40] (1988). Nesses livros Meira Penna reúne história, economia e psicologia, ao estudar o caráter patrimonialista e burocrático brasileiro.

Meira Penna definia o patrimonialismo nos mesmos moldes cunhados por Max Webber, ou seja, um sistema em que os detentores do poder se apoderam da riqueza do Estado. No Brasil, o patrimonialismo tomou a forma de coronelismo, clientelismo, compadrio e outras denominações. Mas a ideia é a mesma: a confusão entre a coisa pública e a coisa privada. O aproveitamento privado da coisa pública.

Sendo assim, considerava Meira Penna que, para se tornar um país desenvolvido, o Brasil teria que domar os seus vícios e superar a mentalidade patrimonialista, burocrática e cartorial. Essa mudança, porém, depende muito da cabeça dos brasileiros. E para entender a men-

---

[37] *Psicologia do subdesenvolvimento*: J. O. de Meira Penna. Editora Vide Editorial. 2017.

[38] *Em berço esplêndido*: J. O. de Meira Penna. Editora Topbooks. 1999.

[39] *O Brasil na idade da razão*: J. O. de Meira Penna. Editora Forense-Universitária. 1980.

[40] *O dinossauro*: J. O. de Meira Penna. Editora T A Queiroz. 1988.

talidade do cidadão comum é que esse autor se aprofundou no campo da psicologia.

Outro importante intelectual liberal brasileiro foi o escritor e diplomata José Guilherme Merquior (1941-1991) que, desde jovem, se destacou no cenário intelectual nacional e internacional como uma das inteligências mais precoces e férteis de nosso país. Infelizmente, Merquior morreu muito jovem, aos 49 anos.

A principal contribuição de Merquior para o estudo do liberalismo foi dada quando escreveu seu famoso livro: *O Liberalismo – Antigo e Moderno*[41], publicado postumamente. Nessa obra, o autor carioca faz uma varredura sobre três séculos do pensamento liberal, de meados do século XVII até o século XX. Dificilmente se encontra na literatura universal uma obra tão abrangente sobre o liberalismo.

Logo no início do livro, Merquior coloca uma citação de Ortega y Gasset, que considerava o liberalismo como "a forma suprema de generosidade, pois é o direito assegurado pela maioria às minorias e, portanto, o apelo mais nobre que já ressoou no planeta: a determinação de conviver com o inimigo e ainda, o que é mais, com um inimigo fraco"[42]. Isto é: o liberalismo garante a liberdade do mais fraco contra o poder do mais forte. E por isso de-

---

41 *O Liberalismo – Antigo e Moderno:* José Guilherme Merquior. Editora É Realizações. 2014.

42 *A rebelião das massas:* Jose Ortega y Gasset. Editora Vide Editorial. 2016.

fende a limitação da autoridade e a divisão de seus poderes. Para o cidadão, num ambiente liberal, tudo que não for proibido por lei é permitido. E quem tem o ônus de provar que ele ultrapassou os limites da lei é o governo.

As principais conquistas liberais, alcançadas já no final do século XIX na Inglaterra, segundo Merquior, foram a liberdade religiosa, os direitos individuais, a ordem legal, o governo representativo responsável e legitimação da mobilidade social. Qualquer que fosse o governo, não haveria risco de retrocesso nessas conquistas. De uma forma geral, na maioria dos países desenvolvidos da época, esses direitos já estavam assegurados.

Nesse livro sobre a história do liberalismo, Merquior amplia o horizonte de estudo além da Inglaterra e Estados Unidos, incluindo a França, a Alemanha, a Itália, a Espanha e até a Argentina. Além do mais, o autor descreve as diversas correntes liberais, tais como o liberalismo clássico, o liberalismo conservador, o liberalismo social e o neoliberalismo. O primeiro é aquele nascido na Inglaterra e com influência na França, o segundo surgiu como resposta aos horrores da Revolução Francesa, o terceiro vem do início do século XX e o último já no final do mesmo século. Também merece destaque o prefácio do livro *O Liberalismo – Antigo e Moderno*, escrito por Roberto Campos, que por si só já valeria a pena lê-lo.

Por fim, vamos abordar as figuras de dois importantes divulgadores das ideias liberais no Brasil contemporâneo: Roque Spencer Maciel de Barros (1927-1999) e Donald Stewart Jr. (1931-1999).

Roque Spencer Maciel de Barros foi, talvez por seus artigos na imprensa, o mais conhecido defensor do liberalismo no Brasil contemporâneo. Ele atuou de forma incisiva mesmo no período do milagre econômico do regime militar, período em que a esquerda socialista desafiava o regime e a direita conservadora o apoiava. Roque combateu as duas vertentes autoritárias, sempre mostrando que o caminho certo era o proposto pelo liberalismo. Em 1971, publicou o livro *Introdução à filosofia liberal*[43] e, em 1992, publicou *Estudos liberais*[44]. Esses dois livros, um no início de sua carreira e outro no final, reúnem o que há de mais completo sobre a teoria liberal, principalmente aplicada à educação e política.

Roque Spencer combateu o conceito de democracia direta, muito caro às esquerdas de sua época. Para ele, essa prática seria democratismo, que sempre acaba em totalitarismo. Num ambiente liberal, a democracia representativa e livre mercado dariam conta de construir uma ordem política e social mais justa possível. Mas para isso haveria a necessidade de regramentos legais sólidos e de um Estado garantidor das liberdades individuais e regulador das atividades econômicas, sobretudo comba-

---
43 *Introdução à filosofia liberal:* Roque Spencer Maciel de Barros. Editora USP. 1971.
44 *Estudos liberais:* Roque Spencer Maciel de Barros. Editora Taq. 1992.

tendo os monopólios públicos ou privados. Ele também participou ativamente da defesa da escola pública, laica e gratuita, sendo membro da Comissão Estadual em Defesa da Escola Pública (CEDEP).

Donald Stewart Jr. era filho de canadenses radicados no Brasil. Após se formar em Engenharia Civil e trabalhar na área, passou a se dedicar à consultoria empresarial. Em 1983, fundou o Instituto Liberal, no Rio de Janeiro. Stewart também foi tradutor de livros de Ludwig von Hayek e autor do livro *O que é o liberalismo*[45].

O trabalho de Stewart foi muito bem sucedido, pois parte do que colhemos hoje em dia da nova safra liberal no Brasil se deve a ele. A esse respeito afirma Alex Catharino, autor do prefácio do livro citado acima: "Indubitavelmente, o papel desempenhado pelo saudoso Donald Stewart Jr foi um dos fatores mais importantes, ao longo das décadas de 1980 e de 1990, para que o pensamento liberal tenha o espaço que ocupa, atualmente, na esfera das ideias e no plano da política."

Og Francisco Leme (1922-2004), que foi diretor acadêmico do Instituto Liberal e autor da orelha do livro *O que é o liberalismo*, afirmou que Stewart "pelo seu afã de identificar e conhecer os fatores responsáveis pela prosperidade e pela pobreza, pela liberdade e pela opressão, foi sendo levado paulatinamente à conclusão de que o

---

45 *O que é o liberalismo*. Donald Stewart Jr. Editora LVM, 2019.

liberalismo constitui a orientação mais efetiva para a redenção e o desenvolvimento do ser humano e das nações e de que a ordem liberal-democrática é a forma de organização social mais adequada para o atendimento desses objetivos"

Findo este capítulo sobre o liberalismo no Brasil, vamos, no próximos capítulo, analisar as principais concordâncias e discordâncias entre o pensamento liberal e o pensamento conservador.

# 6. LIBERALISMO VERSUS CONSERVADORISMO

O primeiro e mais importante escritor que sintetizou o pensamento conservador moderno foi o irlandês Edmund Burke (1729-1797), autor do livro *Reflexões sobre a Revolução na França*[46], publicado em 1790. Nesse livro, Burke faz um severo alerta sobre o perigo das revoluções violentas. Ele mostra que a maneira como a Inglaterra equacionou o problema do absolutismo monárquico, em 1688, por meio de uma revolução pacífica, foi muito melhor do que ocorreu na França. A Revolução Francesa, ocorrida um século após a Revolução Gloriosa na Inglaterra (que Burke chamava de revolução não feita, mas evitada), foi extremamente sangrenta e conduziu o país a um longo período de instabilidade.

Como deputado na Câmara do Comuns da Inglaterra, Burke se notabilizou por defender uma plataforma liberal na economia e conservadora nos costumes e na política. O conservadorismo político de Burke não tinha nada a ver com imobilismo ou manutenção de privi-

---

[46] *Reflexões sobre a Revolução na França*. Edmund Burke. Editora Topbooks, 1999.

légios, e sim com a busca de soluções pacíficas para os conflitos sociais e políticos da época. Ele foi favorável à autonomia dos Estados Unidos e da Índia (então colônias britânicas), à ampla liberdade de comércio internacional e à total liberdade religiosa. Para ele, justamente para não terminar em conflito violento, é que as reivindicações das minorias deveriam ser atendidas. O sistema de poder deveria ser flexível para absorver os abalos comuns de um país democrático.

Burke foi um crítico rigoroso do pensamento iluminista francês, sobretudo de Rousseau e Voltaire, a quem considerava autoritários e irresponsáveis. Ele tinha horror a rupturas apaixonadas e violentas que destroem muitas coisas boas sob o pretexto de acabar com as coisas ruins. Suas palavras preferidas eram ordem, liberdade e evolução. Para ele, a história é um laboratório de teste das ideias. É necessário esperar que a história as sedimente, retirando suas arestas de modo a torná-las mais palatáveis à sociedade. O verdadeiro progresso dos povos foi feito por meio de um processo evolutivo, através de tentativas e erros. É a história que deve orientar as mudanças e não as elucubrações dos filósofos racionalistas, dizia Burke.

Como parlamentar, Burke não acreditava que são as leis que modificam a sociedade e sim que as demandas sociais é que devem ser contempladas pelas leis. A própria Constituição de um país deveria ser enxuta, contemplando valores e princípios, em vez de regras positivas que podem mudar constantemente.

Sobre o desenvolvimento da sociedade, o pensamento de Burke entende que ela "se desenvolve não tanto por intermédio da atividade racional do homem, mas, sobretudo, por meio de sentimentos, hábitos, emoções, convenções e tradições, sem as quais ela desaparece. Coisas que o olhar racional é incapaz de vislumbrar. Um racionalismo impaciente e agressivo, que se volta contra a ordem social, acaba destruindo tanto as más como as boas intenções. Burke defende assim a ideia de limitação da Razão em face da complexidade das coisas, propondo que, diante da fragilidade da razão humana, a humanidade deve proceder com respeito para com a obra de seus antecessores, em prol do desenvolvimento social".[47]

Muitas vezes, os conservadores são rotulados como imobilistas ou reacionários. Para esclarecer essas rotulações vejamos o texto de Alex Catharino: "Os imobilistas adotam uma atitude estática, tentando impedir qualquer tipo de mudança – são prisioneiros do presente. Os reacionários estão dispostos a sacrificar o presente e o futuro em nome da restauração de uma visão idílica do passado. Os progressistas ou revolucionários buscam romper com o passado e com o presente na tentativa de criar o utópico. Os verdadeiros conservadores devem reconhecer

---

47 Texto retirado da orelha do livro *Reflexões sobre a Revolução na França*. Editora Topbooks, 1999.

a imperfectibilidade de seus projetos ao entender que a realidade política e cultural é marcada por uma contínua tensão entre permanências e mudanças."[48]

Também é comum ouvirmos dizer, de forma pejorativa, que os conservadores são tradicionalistas. Vejamos o que afirma um dos principais pensadores conservadores contemporâneos, o inglês Roger Scruton (1944-2020): "Ao debater tradição, não estamos discutindo normas arbitrárias e convenções, mas respostas que foram descobertas a partir de questões perenes. Essas respostas estão implícitas, compartilhadas e incorporadas nas práticas sociais e nas expectativas inarticuladas. Aqueles que as adotam não são necessariamente capazes de explicá-las e ainda menos de justificá-las. Por essa razão, Burke as descreve como 'predisposições' e as defende sob o argumento de que, apesar de o capital de razão em cada indivíduo ser pequeno, há um acúmulo de razão na sociedade que questionamos e rejeitamos por nossa conta e risco"[49].

Sobre a complementariedade e as diferenças entre conservador e liberal, vejamos o texto elucidativo de João Camilo de Oliveira Torres: "Os conservadores lutam pelas conquistas da geração anterior. Mas, como a história nem sempre é dialética, o conservador muitas vezes tem

---

[48] Texto de Alex Catharino na apresentação à Edição Brasileira do livro Edmund Burke – Redescobrindo um gênio, de Russel Kirk. Edito É Realizações, 2016.

[49] *Como ser um conservador.* Roger Scruton. Editora Record, 2015.

razão: podemos continuar a viagem, mas sem queimar os navios que nos trouxeram até a praia, manter os degraus da escada já utilizados e não destruí-los. O conservador é o homem que defende o degrau ultrapassado; o liberal quer subir sem olhar para trás. Um liberal extremista destrói os degraus já utilizados; um ultraconservador não sobe. Em resumo: o conservador segura a escada para o liberal subir."[50]

O maior discípulo de Edmund Burke, no século XX, foi o norte-americano Russell Kirk (1918-1994), considerado o pai do conservadorismo contemporâneo. Dentre as obras de Kirk, a de maior notoriedade foi *The conservative Mind*[51], publicada primeiramente em 1953 e revista mais seis vezes. Nessa obra, ele traça a história do pensamento conservador moderno por meio de seus principais pensadores, começando com Edmund Burke e indo até, na revisão mais recente, o poeta norte-americano T. S. Elliot (1888-1965).

Em *The conservative Mind*, Kirk expõe seis características próprias do conservadorismo. Vejamos:

– crença numa ordem transcendente ou numa lei natural que dirige a sociedade assim como as consciências. Há uma verdade objetiva na natureza, e nós precisamos conhecê-la. Para um conservador, o relativismo moral

---

50 *A Democracia coroada*. João Camilo de Oliveira Torres. Editora Vozes, 1964, p. 101.

51 *The conservative Mind*. Russell Kirk. Regnery Publishing; Edição: 7th Edition (setembro de 2001)

não é uma opção. Existem coisas como a verdade e a mentira, o certo e o errado. Sem uma base sólida de valores, a vida em sociedade estaria condenada.
- afeição pela variedade e pelo mistério da existência humana, em oposição à estreita uniformidade igualitária dos sistemas radicais. Cada pessoa é diferente de outra e por isso é que o indivíduo é sagrado, e sua vida é irrepetível; por isso Kirk gostava de dizer que vale a pena viver.
- convicção de que a sociedade civilizada precisa de normas legais e de uma classe média majoritária, ao contrário da utopia da sociedade sem classes. Os conservadores acreditam que há diferenças entre as pessoas que levam a desigualdades sociais. Eles defendem a igualdade perante Deus e perante a lei, tudo o mais levaria à servidão e ao tédio.
- liberdade e propriedade estão umbilicalmente ligadas. Sem o direito à propriedade privada, o poder do Estado seria incontrolável. A distribuição de riqueza através de impostos ou de outros meios não traz desenvolvimento econômico. O que as pessoas necessitam é da propriedade para assegurar os seus direitos, executar suas obrigações e garantir a limitação do poder do governo.
- fé na tradição e desconfiança daqueles que querem refazer a sociedade seguindo seus planos abstratos. Os conservadores acreditam que as coisas são como são

por algum motivo. As gerações passadas deixaram convenções e costumes que foram testados pelo tempo.
- reconhecimento de que nem sempre a mudança é uma coisa boa. Inovações apressadas podem tanto destruir como construir. Os conservadores são prudentes com as mudanças e abordam as reformas com cautela.

Kirk afirmava que essa lista não era exaustiva, muitas outras características poderiam ser acrescentadas; esses seis pontos, no entanto, foram comuns em todos os pensadores considerados conservadores, desde Burke até os dias de hoje (quando ele escreveu o livro).

Nessa lista, verificamos que Burke não tinha uma crença na perfectibilidade humana. Para ele, nós somos falíveis e temos vontades e apetites nocivos difíceis de controlar. Assim é necessário lutar para contê-los, porque quanto menos controle interno tivermos sobre eles mais controles externos necessitaríamos.

Em relação à economia, os liberais e os conservadores se parecem muito. Os dois grupos defendem a propriedade privada, a livre iniciativa, o lucro, o livre comércio, a redução do tamanho do Estado, a ampla concorrência e vários outros princípios. Podemos mesmo dizer que os principais economistas liberais foram chamados liberais-conservadores. O próprio Adam Smith era amigo de Edmund Burke, e se correspondiam frequentemente. Burke leu os dois livros de Smith (*Teoria dos sentimentos morais* e *Riqueza das Nações*) e os elogiou muito. Kirk era muito próximo das ideias de Hayek, e sempre elogiava o economista austríaco.

Na apresentação da edição brasileira do livro de Kirk sobre Burke, Alex Catharino afirma: "o conceito de tradição defendido por alguns conservadores, como Russel Kirk e Roger Scruton, não é incompatível com a noção liberal de 'ordem espontânea' do economista austríaco F. A. Hayek, entendida como 'uma ordem resultante da evolução', um tipo não criado de forma deliberada, mas 'autogeradora ou endógena'. Os principais fundamentos teóricos desse conceito hayekiano se encontram no Iluminismo escocês da filosofia de David Hume e das reflexões morais e econômicas de Adam Smith, bem como no conservadorismo ilustrado burkeano. (...) Kirk apresenta Edmund Burke, Samuel Johnson e Adam Smith como os três pilares da ordem."

Mesmo em relação à teoria política, há muitas convergências entre liberais e conservadores. Ambos consideram os indivíduos desiguais por natureza, defendem a ordem evolutiva e não as rupturas, defendem a noção de organicidade da sociedade, consideram a existência de uma lei natural que rege a espécie humana e muitos outros pontos. Na introdução à edição inglesa de *Reflexões sobre a Revolução na França*, de 1875, E. J. Payne diz, defendendo as ideias de Burke: "O método autêntico da política, como de todos os ramos do conhecimento prático, é o da experimentação. Examinaremos o rosto da sociedade. Observaremos, como Newton fez no sistema planetário, as enormes forças gravitacionais que atraem suas partículas, levando-as a assumir formas vivas e congruentes" e "Burke diz que a sociedade é uma parceria em toda ciência, em toda arte, em toda virtude e em toda perfeição; uma parceria não só entre os que estão vivos, mas entre os que estão vivos, os que morreram e os que estão por nascer".

Como vimos, há muita coisa comum entre liberalismo e conservadorismo, mas seus focos são diferentes. O conservador, e não o confundamos com tradicionalista, preza a segurança das mudanças. Ele não está presos a uma tradição, como o tradicionalista, mas à cautela necessária para tornar o avanço da humanidade o menos traumático possível. A palavra mais temida pelos conservadores é revolução. Eles respeitam a evolução, lenta, gradual e progressiva. Cada nova conquista deve garantir as conquistas anteriores. Assim a humanidade vai progredindo continuamente sem solavancos. Para eles, o grande laboratório de testes é a própria história. Se uma instituição sobreviveu ao longo de séculos é porque ela tem valor. Então só devemos substituí-la se ficar provado que aquilo que queremos colocar no seu lugar é melhor do que ela.

O liberalismo preza a liberdade individual, mas é mais aberto à aceleração das mudanças. Se os indivíduos, por meio de seus representantes, quiserem correr o risco de mudanças mais bruscas, então não há que impedi-los de tentar. A intenção do liberal é reduzir ao mínimo necessário tudo aquilo que possa atrapalhar a liberdade individual. A do conservador é reduzir ao mínimo possível tudo que possa atrapalhar a segurança, a calma individual. Liberalismo e conservadorismo buscam o progresso do ser humano, mas o fazem apoiados em princípios distintos.

Embora, com focos distintos, é, como já vimos, totalmente possível conciliar liberalismo com conservadorismo. A figura do liberal-conservador não é uma aberração, inclusive é mais comum do que se pensa.

## Sobre o autor

Alcides Domingues Leite Júnior, 60 anos, natural de Itapetininga, SP, é formado em Engenharia Civil pela Escola Politécnica da USP e com mestrado *stricto sensu* pela Faculdade de Economia e Administração da USP. Funcionário concursado do Banco Central do Brasil há 20 anos, autor do livro: *Brasil, a trajetória de um país forte* (Editora Trevisan).